惠泽千载 光耀后世

晋城国保丛览 阳城卷

晋城市人大常委会 晋城市文化和旅游局 编

文物出版社

图书在版编目（CIP）数据

惠泽千载　光耀后世：晋城国保丛览．阳城卷／晋城市人大常委会，晋城市文化和旅游局编．-- 北京：文物出版社，2025.6.-- ISBN 978-7-5010-8496-8

Ⅰ．K872.25

中国国家版本馆 CIP 数据核字第 202491SR57 号

惠泽千载　光耀后世——晋城国保丛览·阳城卷

HUI ZE QIANZAI　GUANG YAO HOUSHI —— JINCHENG GUOBAO CONGLAN · YANGCHENG JUAN

编　　者：晋城市人大常委会　晋城市文化和旅游局

责任编辑：耿瑗洁
责任印制：张　丽
装帧设计：王　露

出版发行：文物出版社
社　　址：北京市东城区东直门内北小街 2 号楼
网　　址：http://www.wenwu.com
邮　　箱：wenwu1957@126.com
经　　销：新华书店
印　　刷：上海雅昌艺术印刷有限公司
开　　本：889mm×1194mm　1/16
印　　张：12.5
版　　次：2025 年 6 月第 1 版
印　　次：2025 年 6 月第 1 次印刷
书　　号：ISBN 978-7-5010-8496-8
定　　价：1600.00 元（全七册）

惠泽千载　光耀后世——晋城国保丛览·阳城卷

编委会

前言

　　"太行、太岳、中条三山雄健，沁河、濩泽、芦苇三河神奇"！在这雄奇的山水之间，有一座悠然的小城，她就是阳城。

　　阳城历史悠久、底蕴深厚、文物兴盛，女娲补天、盘古开天、伏羲画卦、愚公移山等神话故事世代流传，数千年文明将源远流长的历史文脉、灿若星河的文物古迹相融汇，孕育出一座城市独特的文化自信。

　　阳城古称濩泽，为尧舜夏冀州之域，商为畿内地，是华夏文明的摇篮。《墨子》记载："舜耕于历山，渔于濩泽。"战国时先后属韩、魏。西汉初置县，治所在今阳城西15公里的泽城，属河东郡。北魏兴安二年（453），濩泽县治由泽城迁至今阳城县城，唐天宝元年（742）改濩泽为阳城县，属泽州，隶河东道。在置县两千多年的历史中，文风昌盛，名人辈出。自隋朝科举以来，先后出过2位宰相、4位尚书、123位进士。清顺治三年（1646），10人同中举人，10人同中进士；顺治八年（1651），又有10人同中举人，留下了"十凤齐鸣、十凤重鸣"的佳话。清康熙、雍正年间，阳城与陕西韩城、安徽桐城同为文化发达之乡，在泽州府所辖五县中文风最高，赢得了"名列三城，风高五属"的美誉。

　　文物是不可再生、不可替代的宝贵资源，一梁一柱、一碑一刻、一砖一石都蕴含着历史的沉淀，凝聚着先人的智慧，留存着千百年的文明。《惠泽千载 光耀后世——晋城国保丛览·阳城卷》带您云游独具魅力的濩泽"国宝"：坩埚城砥洎堡、蜂窝城郭峪堡、城中城皇城堡、琉璃塔寿圣寺、千年双刹海会寺、析城山下最早汤庙下交汤帝庙、孔圣文庙、精雕藻井润城东岳庙、最大献殿开福寺。这些"国宝"虽然经历了沧桑的变迁，但历史赋予了她们独一无二的生命，仍风姿绰约地屹立在这座古城。

　　"如鸟斯革，如翚斯飞"。每个"国宝"都是神工天巧，是濩泽绵延千年的历史文脉。如今的濩泽，带着浪漫与诗意从千年文明中走来，在新时代迸发出古老与青春交汇、厚重与灵动交融、热闹与静谧结合的奇妙魅力。

　　我们何其有幸拥有她，守护她，传承她！

编委会

二〇二五年六月

目　录

01　下交汤帝庙 / 001

02　开福寺 / 019

03　润城东岳庙 / 035

04　砥洎城 / 055

05　海会寺 / 077

06　郭峪村古建筑群 / 099

07　陈廷敬故居 / 131

08　阳城文庙 / 161

09　阳城寿圣寺及琉璃塔 / 179

参考文献 / 191

晋城市全国重点文物保护单位基本信息统计表（阳城）

编号	名称	时代	地址	国保批次	公布文号	公布时间
1	下交汤帝庙	金、明清	阳城县河北镇下交村	第六批	国发〔2006〕19号	2006.05.25
2	开福寺	金至明	阳城县县城内			
3	润城东岳庙	金至清	阳城县润城镇润城村			
4	砥洎城	明至清	阳城县润城镇润城村			
5	海会寺	宋、明清	阳城县北留镇大桥村			
6	郭峪村古建筑群	明至清	阳城县北留镇郭峪村			
7	陈廷敬故居	明至清	阳城县北留镇黄城村村南	第七批	国发〔2013〕13号	2013.03.05
8	阳城文庙	明至清	阳城县县城内	第八批	国发〔2019〕22号	2019.10.07
9	阳城寿圣寺及琉璃塔	明至清	阳城县芹池镇阳陵村			

下交汤帝庙 / *XIAJIAO TANGDI MIAO*

一、遗产概况

下交汤帝庙位于晋城市阳城县河北镇下交村，碑文记载为"成汤庙"。坐北朝南，二进院落，占地面积 2044 平方米。创建年代不详，据碑刻记载，金大安二年（1210），已有殿宇行廊门楼，大小五十余间；明宣德六年（1431）至七年（1432）重建太尉祠一所，补塑神像一殿；明正统甲子年（九年，1444）植桂两株，十年（1445）重修舞楼；明成化十二年（1476）创建佛殿及佛像五尊，十三年（1477）重修补塑成汤、黄龙、关王殿，东建白龙并太尉殿共八间，西建行廊及门楼十三间；明正德五年（1510）至十年（1515）重修乐楼，出厦三间；明嘉靖六年（1527）重修正殿及东北黄龙祠三间、佛祠三间，西北关王祠三间、神库二间，正东白龙祠三间、太尉祠三间、神厨二间，正西牛王祠三间、土地祠三间，正南左右斗栱门楼二所，又造石狮二于正殿之阶，植桧树十二株于院内，植松柏八十株于院外；

01 下交汤帝庙全景

明万历四十二年（1614）东庑三间塑风、雨、雷三圣神像；清康熙三十五年（1696）乐台缺棚，于南台创修乐棚三间；清康熙四十六年（1707）重修西北关帝祠三楹；清康熙四十七年（1708）至五十二年（1713）重修大殿；清康熙五十二年重修拜殿，旧制两楹易为三楹；清康熙五十五年（1716）重修太尉殿；清康熙五十五年至五十九年（1720）重修东半神祠黄龙殿、佛殿、白龙殿、风雷殿、文昌阁；清雍正四年（1726）重修西庑高禖、广禅、土地三祠；清雍正五年（1727）至七年（1729）重修文昌帝君祠三楹，彩绘舞楼、正门、东西二门；清乾隆三年（1738）重修关帝圣君祠；清乾隆三年将东南库楼改建东亭三楹；清乾隆十三年（1748）至十五年（1750）重修舞楼、西亭、角房；清嘉庆十二年（1807）重修扩大东西门；清嘉庆十四年（1809）重修五福神祠；清嘉庆十五年（1810）至二十二年（1817）重修拜殿、西庑、高禖、马牛王、山神、土地诸神祠；清嘉庆二十五年（1820）补修门道；清道光十年（1830）重修本庙外院东南群房；清道光十四年（1834）增修文昌阁；清同治十年（1871）补修各殿檐头及庙外大路；清光绪十二年（1886）补修西庑各神祠，十五、十六年（1889、1890）补修外院西南楼盖庙，十七年（1891）油画拜殿各神祠，二十年（1894）油画外院，二十一年（1895）油画舞楼，二十二年（1896）补修油画文昌阁。现中轴线由南向北分布有山门、马王祠、舞楼、献殿、正殿，两侧有禅房、东西华门、乐楼、文昌阁、点魁阁、厢房、配殿、耳殿。其中献殿为金代建筑，其余皆为明清时期建筑。抗日战争时期，下交汤帝庙曾是晋豫特委（地委）的重要驻扎之地和举行重大会议的场所。民国三十二年（1943），崔振华烈士在东厢房内被敌人活活烧死。为了纪念烈士，下交村曾改名振华村。中华人民共和国成立后，1960—1998年下交汤帝庙为阳城县第三中学校校址。2006年5月25日被国务院公布为第六批全国重点文物保护单位。

　　2008年，县级文物部门组织编制了《山西阳城县下交汤帝庙保护规划》；2010—2011年，山西南部早期建筑保护工程对下交汤帝庙本体进行整体保护修缮；2013年，国家发展和改革委员会工程项目对庙宇周边环境进行综合整治，包括消防、停车场、挡墙、管理用房、厕所、水泵房、电气、安防、防雷等配套工程；2019年下交村组织村里贤士按照乡民意愿重新塑像彩绘；2022年山西省文物局给下交汤帝庙配备安装了动态环境监控系统设备，文物安全监管体系更加完善。

02　西禅室、西南角楼背立面

二、建筑特点

（一）山门

居中轴线最南端。拾级而上便是山门，面阔三间，单檐悬山顶，前出抱厦，门额书"桑林遗泽"。抱厦前为四根方形抹角石柱，正中两根石柱柱础下方为六边形石雕，分别为三只狮子首尾各露，上层为鼓镜石；两侧两根石柱柱础四角为蹄形，四面中央为如意纹，上层为鼓镜石。柱头科斗栱为三踩，平身科斗栱为三踩，两侧出斜栱。青石门枕石前侧雕花卉纹。山门次间砖雕龟背纹照壁，紧挨山门东西两侧为禅房。山门进入后为仪门。

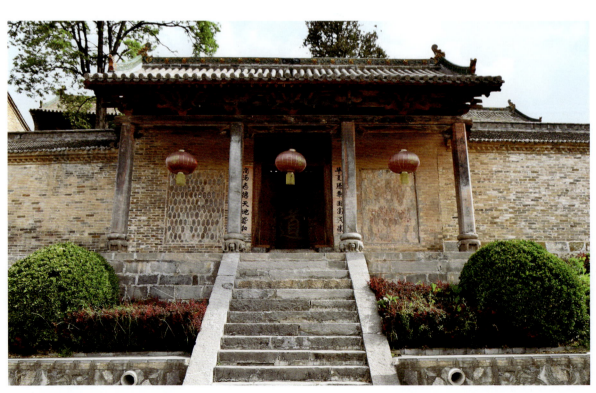

03　山门立面近景

（二）马王祠

居一进院仪门对面，与舞楼后墙相连。面阔三间，后檐进深一椽半，前檐进深三椽，柱头科和平身科斗栱均为三踩，柱头大斗为六瓣形。明间供奉马王爷。次间从东西两侧拱门进入，东侧门额书"竹径"，西侧门额书"松轩"。马房东侧为一层五间廊房，西侧为上下两层各五间廊房。殿前东侧有侧柏一棵，西侧有古槐一棵。

04　马王祠正立面

05　东禅室、库房立面

06　马房立面

（三）东西华门

居二进院舞楼两侧。由此进入二进院，一层为华门，二层为妆楼（碑文记载为"乐楼"）。面阔三间，前出抱厦，三踩斗栱。门枕石前侧雕精美花卉纹。

（四）舞楼

居一进院马王祠背后。面阔三间，进深六椽，单檐歇山顶，琉璃脊饰，柱头和补间斗栱均为三踩，补间斗栱出45度斜栱，龙形耍头。殿内五架梁为断梁结构，结构奇特，断梁正中缝下用两根木柱支撑，木柱与断梁间用襻间枋来承托，两端架于两侧山墙斗栱后尾部，断梁上方为趴梁，尾部置于山墙斗栱出挑上方。舞楼两侧小门通往二层东西乐楼。

07　舞楼正脊

08　舞楼正立面

09　东华门正立面

10　东华门背立面

11　舞楼斗栱

12　舞楼斗栱

13　舞楼转角斗栱

14　舞楼梁架

（五）文昌阁

居二进院东华门东侧。二层结构，面阔三间，进深四椽，单檐硬山顶，柱头科和平身科斗栱均为三踩单下昂。一层西侧拱形门额书"步蟾宫"，两侧题记"甲午中秋月初吉，云山居士原学周题"。

（六）点魁阁

居二进院西华门西侧。二层结构，面阔三间，进深四椽，单檐硬山顶，柱头科和平身科斗栱均为三踩单下昂。一层东侧拱形门额书"点魁阁"。

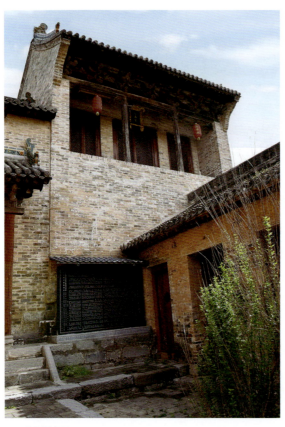

15　文昌阁立面

16　点魁阁立面

17　文昌阁斗栱

（七）献殿

居二进院舞楼与正殿中间。面阔三间，进深三间，单檐歇山顶，屋顶举折平缓，出檐深远，檐柱四周设大额枋，额枋下各施两根木柱支撑。斗栱为五铺作双下昂，四椽栿对后乳栿，四角方形抹角石柱，侧脚、收分明显，下为嵌入式方形柱础。清康熙年间重修时，将原有两间易为三间。四根石柱上的线雕均为莲花图案，东北角柱上线刻一横一竖龙头凤身鱼尾图案。献殿梁架彩绘龙纹、祥云纹，清晰可见。献殿内竖立十二通碑，东西各六通。东厢房八间为白龙祠、太尉祠、神厨，西厢房八间为牛王祠、子孙祠、土地祠，斗栱为三踩单下昂。

四根石柱均刻有施柱题记，其中东北、西北、东南三侧角柱有金大安年题记。

18　献殿西侧

19　献殿正吻

20　献殿脊刹

21　金大安三年题记

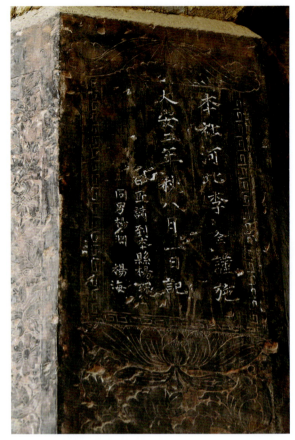

22　金大安二年题记

23　献殿梁架

24 白龙祠、太尉祠、神厨立面

25 牛王祠、子孙祠、土地祠立面

（八）正殿

居二进院最北端。又称广渊殿，台基高 0.7 米，面阔三间，进深四椽，单檐歇山顶，琉璃脊饰，通檐用四柱，屋面举折平缓，出檐深远。柱头、补间各施斗栱一朵，柱头斗栱为五铺作双下昂，梁架结构为四椽栿对后乳栿，殿内荆木大梁用材硕大，殿前设廊，方形抹角石檐柱，侧脚收分明显，檐柱上方刻有明嘉靖六年（1527）施柱题记，柱周线刻神态各异的化生童子、月供图、汤王祷雨图、缠枝纹、龙凤图案等。正中为青石踏步和垂带。台基上两侧有石狮子各一。正殿东耳殿为黄龙殿、佛祖殿各三间，西耳殿为关圣殿三间、神库两间。正殿西侧有古直柏一棵，东侧有古扭柏一棵。

26　广渊殿正立面

27　广渊殿脊刹

28　广渊殿正吻

29 广渊殿侧立面

30 广渊殿梁架

31 广渊殿转角斗栱

32　黄龙殿、佛祖殿正立面

33　关圣殿、神库立面

三、价值特色

据碑文记载，世传汤王尝祷雨于析城山，其来远矣，然析城之东北有下交之地，其脉由析城山蝉联而下，山峰秀丽，群峰屏绕，襟带两河，土沃风淳，极为奇秀佳丽之地。因此，在这里修建了汤帝庙，现存虽为金、明、清时期遗存，但它是析城山下规模最大、年代最早、保存最完整、最具代表性的汤帝庙，不仅具有极高的文物保护利用价值，也是研究商汤文化和元代以前早期建筑的重要实物资料。

（一）线雕艺术

拜殿和正殿石柱刻有龙、凤、化生童子、花卉、人物等吉祥图案，线雕整柱雕刻，技艺之精实属罕见，每根柱子均有题记，是研究金代石刻和明代石刻的重要资料。

（二）碑刻艺术

下交汤帝庙存有明代大司徒、都察院副都御史、吏部左侍郎李瀚、浙江按察使杨继宗、刑部郎中王瑄，以及清康熙年间都察院左副都御史兼光禄寺正卿田从典、监察御史田嘉谷等人碑刻29通，庙宇碑刻记载翔实，雕刻精美，是阳城目前现存庙宇中文献记载最为翔实的庙宇之一，也是研究中国古建筑发展史不可多得的实例，更是当时社会历史的真实反映，是研究中国古建筑发展、社会变迁的重要史料，其中最为精美的是明嘉靖十五年（1536）的《重修正殿廊庑之记》碑。

（三）红色文化价值

汤帝庙不仅本体建筑精美，还具有十分重要的红色文化价值。《中国共产党晋城历史》《中共阳城历史记事》中记录：抗日战争时期，这里曾是杨尚昆及晋豫特委（地委）的重要驻扎之地和举行重大会议的场所。1938年11月和1939年1月中共晋豫特委在下交汤帝庙召开两次重要会议。1938年11月，时任中共中央北方局书记的杨尚昆在延安参加六届六中全会后于11月22日到阳城，24日上午中共晋豫特委在下交庙召开工作会议。参加会议的有特委有关负责人、八路军晋豫边游击队（亦称唐支队）司令部、政治部领导人和阳城县委领导及有关党员干部，以及来自晋城、沁水、沁阳、垣曲、夏县等地的相关领导等。特委书记聂真主持会议，杨尚昆在会议上就传达贯彻中共六届六中全会精神做了专题讲话。会议还听取了聂真代表特委所作的工作报告和唐支队司令员唐天际《团结与斗争》的讲话。1939年1月，中共晋豫特委再次在下交召开了扩大会议，阳城县领导胡晓琴、魏健等参加了会议。特委书记聂真、晋豫边游击支队司令员唐天际分别做了报告，全面传达了中共六届六中全会及彭德怀、邓小平、杨尚昆的指示精神，批判了"一切经过统一战线""一切服从统一战线"的新投降主义错误路线和张国焘分裂党、叛变党的罪行，强调了党的组织原则。会议在分析了晋豫地区的复杂斗争形势后，强调在统一战线必须坚持党的独立自主原则。会后，号召全区党员要在抗日民族解放战争中起模范作用，随时警惕国民党制造摩擦、破坏统一战线的阴谋，并与之作坚决的斗争。根据六届六中全会精神，中共晋豫特委更名为中共晋豫地委，阳城县被定为晋豫地委实验县。

同时，汤帝庙也是崔振华烈士的牺牲地。1943年11月7日，日军"大扫荡"时，下交村第二任党支部书记崔振华不顾个人安危，组织村民分散隐蔽，由于汉奸告密，不幸被捕。日军施加酷刑要他说出被捕人中的共产党员，他回答"就我一个"，日军便将他吊在汤帝庙内的东禅房房梁上拷打，并用烙铁烫身，无可奈何的日军最后把他捆在木板上活活烧死。崔振华牺牲时，年仅 25 岁。抗日战争胜利后，烈士崔振华的名字被太岳区委、太岳军区、太岳行署刻于太岳烈士陵园纪念碑上，名垂千古。

四、文献撷英

拜亭石柱题记

东北角柱有题记：本社李全谨施三条大安二年岁次庚午石匠本县杨琛。

西北角柱有题记：本社河北李全谨施二条大安二年秋八月一日记石匠请到本县杨琛同男杨渊 杨海。

西南角柱有题记：本社河北李全妻陈氏谨施一条。

东南角柱有题记：本社张珪自愿施柱壹条大安三年岁次辛末匠人杨琛。

正殿前檐石柱题记

正殿前檐东一柱有题记：里人原家礼，举人，任汝阳县知县。次男应宿，任松江府通判。孙朝仪、廷仪、瑞仪，曾孙一鹏、一定、一缨，施石柱一条。

正殿前檐东二柱有题记：里人原瑢，举人，任大名县知县。长男宗善，举人，任秦府左长史。孙应奎，监生，任成安县主簿。曾孙轩，进士，任浙江按察使，妻梁氏，封孺人，施石柱一条。玄孙……

正殿前檐第三根柱有题记：里人原瑢，举人，任大名县知县。次男宗儒，孙应，任庐州府经历。曾孙轵，玄孙一江，施石柱一条。

正殿前檐第四根柱有题记：里人原宗礼，举人，任汝阳县知县。长男应瑞，孙韬科举增广生，施柱一条。曾孙原一正。

以上四根石柱均为明嘉靖六年四月初七日立石匠原子俭刊。

明成化十八年（1482）《重修下交神祠记》碑

居拜殿东侧。碑阳首篆体竖刻"重修下交神祠记"七字，碑身四周浮雕缠枝牡丹花卉图案。碑文记载了明代正统到成化年间先后重修下交神庙的情况，列举了下交村先后涌现的官宦缙绅，赞扬此地风俗纯美，人才辈出。此碑由明成化年间天下第一清官杨继宗撰文。碑文节录如下：

……正统甲子春，里生鱼鲸植桂二株。越明年，里人原大器、孙郁、许真、卢岩，重修舞楼。成化纪元，原大用辈重修广禅侯祠。十有二年，原宗禄辈创建佛殿三间，兼塑佛像五尊。十有三年，原大亮……一十四人，皆乡党之拔萃者，睹成汤、黄龙、关王殿三间倾颓，神像剥落，同心协力，重修补塑。落成，问曰："祠神左右隙地，未曾起造，可建夫乎？"金诺曰："善。"遂东建白龙并太尉殿共八间，西建行廊及门楼十有三间……请为记，以纪其实，予应之曰："下交地灵人杰，敬神向善，人知孝悌，俗尚廉耻，为仁为义之区，礼让之党也……"

明嘉靖十五年（1536）《重修乐楼之记》碑

居拜殿西侧。碑首浮雕双龙戏珠图案，中间篆体竖刻"重修乐楼之记"六字。碑身四周浮雕缠枝牡丹花卉图案。碑文记录了下交汤帝庙的来由、规模，重修其乐楼的原因与经过。碑文节录如下：

……观其旧记，殿宇行廊门楼，大小五十余间，建自大元大安二年，迄今三百余载。各殿宇损坏，圣像剥落，里人原大器辈历年重修补塑。惟乐楼规模广大，年久风雨所摇，飞檐梁柱倾颓殆尽。至我国朝正德五年庚午，里人原宗志、原应端，因学生原应轸等会集社众曰："成汤，古圣帝也。乐楼芜废如此，与诸群完葺之，何如？"众咸曰："诺。"于是鸠工萃材，各输资力，重修乐楼一高二低四转角，并出厦三间。功成于正德十年乙亥……

明嘉靖十五年 (1536)《重修正殿廊庑之记》碑

居拜殿东侧。碑首中间篆体竖刻"重修正殿廊庑之记"八字，碑身四周线雕双龙戏珠图案。碑文记录了下交旧有成汤庙五十余间，年久倾颓，致仕缙绅原神山躬率里人，不辞劳苦，克服种种艰辛重新加以修建的经过及其重修后的具体规模形制。碑文节录如下：

……乡之北阜，亦有汤庙，并各祠宇五十余间。乃辽大安二年所建，实宋哲宗元祐元年也，迄今四百七十余年矣……首及正殿，即汤庙旧直堂三间，今易为四。转角出来斗栱，四面通额梁、石柱。旧门窗，皆木板为之者，今易以棂花亮格十二扇。留后门，为将来建寝室……

清康熙三十五年 (1696)《创修乐棚之记》碑

居拜殿东侧。碑首浮雕双龙戏珠图案，中间篆体竖刻"创修乐棚之记"六字。碑身四周浮雕双龙戏珠、缠枝花卉图案。碑文记录村众创修舞台乐棚之事。碑文节录如下：

……累叶议修乐棚。《堪舆》云"舞楼有碍文风"，以致作舍道旁也。但乐台缺棚，每当作乐御神之期，风嘷雨啸，不能燎煃烁阅，宰杜夏戛乎其难之……南台建乐棚三楹，堂构昂霄，椽题耸秀，光明俊伟，流芳奕祀……

清康熙四十六年 (1707)《重修关帝祠》碑

碑文记录重修关帝庙的缘由、组织成员、修建时间、花费金额等。碑文节录如下：

本邑成汤庙西北有关帝祠三楹，其来远矣，但阅年既久风雨摧残，物为凋敝倾颓者殆将过半……岁当丁亥，适邑人原成、芦翔凤、原景韩宰社事，目见心伤，逐治酒集众以议重修……于本岁正月始其事，阅三月而告成功，金碧丹垩，焕然复新。计材物仍旧外，约四十余金……

清康熙五十二年 (1713)《重修大殿碑记》碑

居拜殿东侧。碑阳首浮雕人物骑马云纹图案，中间篆书竖刻"重修大殿之记"六字。碑身周边浮雕双龙戏珠、人物图案。碑文记录重修下交成汤庙大殿的经过以及修庙资财征集的规定。此碑由清康熙二十七年 (1688) 赐进士出身、通议大夫都察院左副御史兼光禄寺卿事邑人田从典撰。碑文节录如下：

……其村之北阜有成汤庙，其来久矣。杨贞肃、李司徒为文以志之，予无庸赘。但历年既久，风雨飘摇，渐将倾圮。……始于康熙四十七年戊子岁，至康熙五十二年癸巳而告成功……

清康熙五十二年《重修拜殿碑记》碑

居拜殿西侧。碑首浮雕龙凤图案，中间篆体竖刻"重修拜殿之记"六字。碑身四周浮雕狮滚绣球、龙纹、仙鹤图案。碑文记录了重修成汤庙拜殿的经过、筹集修建资金的办法，以及庙宇在敦善风俗方面能起到的积极作用。碑文节录如下：

……其上有成汤庙，不知其创于何代。中有拜殿，按柱铭，系大安二年建立。规模阔大，材木壮丽……但历年既久，以时缮修，日风月雨，以圮以漏，积而至今，材木皆腐朽而不克胜任，曩之额废者，且将就倾圮矣……始于康熙之己丑岁，阅三载而积粟麦数百石，施者不苦其艰而用足备。遂于十二甲中备举公直勤敏者以勤厥事。凡材大基石，悉易旧以新，易小以大。开功于壬辰之春，夙兴夜寐，督饷催工，罔或少怠，至癸巳而告成功。于是弊陋朽桡之迹焕然一新，彩绘涂墍，罔不精极。虽则重修，无异始建，且旧制两楹，今则易而为三……

清雍正七年（1729）《下交村重修庙记》碑

居拜殿西侧。碑首浮雕双狮滚绣球图案，中间篆体竖刻"重修外殿垣墙之记"八字。碑文记录下交村成汤庙因年久失修，恐其倾圮，村社加以修葺的经过、用时、任事人员的组织、资金的筹集以及村人的捐输详情。碑文节录如下：

下交村之庙，在其民居之北，崇岗之上。南望析城，烟云相接，里人世祀之。旧记"建自金大安二年"，其后修葺不一。岁月既久，风雨所侵，忧其倾圮。又，其庙外有文昌帝君祠三楹，亦几敝坏……里之耆老原景祥、原大吉、原进杰，谋更新之。又于本社十二甲，择勤敏者各一人，以襄其事。夏秋收获，每户量输麦粟，积百石。乃募工易材，撤敝补坏。卑者高之，狭者广之，功倍于昔。又于庙外故址，缭以周垣。舞楼、正门、东西二门，皆饰以丹碧，焕然更新。自雍正丁未至己酉，阅三岁而功成……

清乾隆五十三年（1788）《贸易公约》碑

碑文记录社内蚕茧不得私自贸易，须经社中过秤并抽费留庙公用的规定。碑文节录如下：

本社公议茧季下交村中不得私自贸易，俱要到社过秤，茧□低则价有多寡，此随行情定之。老耆于八甲中预请八位公直照官其用，□□□□抽买家用钱贰文，以备庙中公费用……

开福寺 / *KAIFU SI*

一、遗产概况

开福寺位于阳城县凤城镇东关村凤凰东街人民巷 13 号，坐北朝南，一进院落，据清同治十三年 (1874)《阳城县志》记载，开福寺原名文殊寺，始建于北齐天保四年 (553)，五代后晋天福四年 (939) 重建，金大定时改名为福严寺，明洪武初称开福寺至今。开福寺历代均有维修，现仅存中轴线上的舞台、过殿、大雄宝殿，舞台西侧有古井一眼，建筑年代为金至明时期。1938 年，八路军晋豫边游击队（亦称唐支队）司令员唐天际、参谋长方升普、政治部主任敖纪民率部驻扎于此。2006 年 5 月 25 日被国务院公布为第六批全国重点文物保护单位。

01　开福寺全景（由东南向西北）

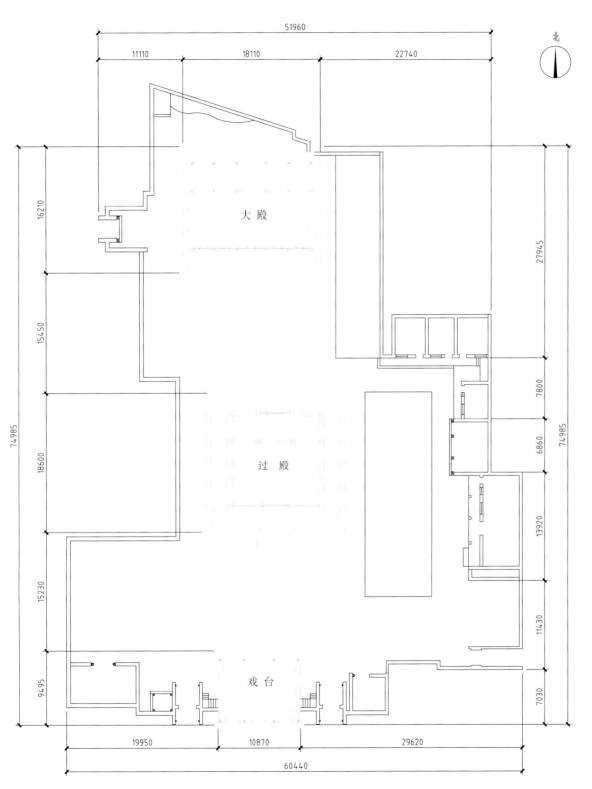

51960

11110   18110   22740

16210

27945

大　殿

15450

74985

7800

18600

74985

6860

过　殿

13920

15230

11430

9495

7030

戏　台

19950   10870   29620

60440

02　开福寺总平面资料图

二、建筑特点

（一）舞台

明代建筑风格，石砌台基，面阔三间，进深五椽，单檐悬山顶。黄绿色花卉琉璃正脊和垂脊，正脊两端装有螭吻，脊刹为象驮宝瓶，垂脊下端装有望兽，灰色筒瓦屋面，屋面举折平缓。东西山墙各开一拱形门洞，可由砖砌台阶拾级而上。舞台北面为舞楼台口，山墙部位看不到柱子，只有明间施两根圆形木柱，柱头前后有卷杀，系晋城明代木结构建筑之典型做法。舞台南面为石基砖墙，上承方式抹角大额枋，中间明间和两侧次间各开一扇方格网纹窗。

舞台梁架为抬梁式屋架，四椽前带插廊，五架梁接单步梁，形成进深五椽的结构。梁架上均施有彩绘。五架梁上施瓜柱承托平板枋，平板枋上承三架梁。三架梁施脊瓜柱同样承托平板枋，其上施丁华抹颏栱，丁华抹颏栱与大叉手共同托起脊檩。四缝梁架的瓜柱之间都有襻间枋相连，襻间枋又承平板枋，平板枋上施一斗二升斗栱承托随檩枋。梁枋之间紧密相连，形成了稳定的梁架结构，在梁枋之间使用平板枋的做法也是比较少见的。

北面柱头上施大额枋，额枋上有平板枋，下有由额，木柱与由额相交处施丁头栱支撑。平板枋上施七攒斗栱，柱头科为单翘单下昂五踩斗栱，里拽为双翘。平升科明间和次间各不相同，次间为双翘五踩斗栱；明间为双翘出45度斜栱五踩斗栱，大斗为平板斗，斜栱从大斗伸出与正心瓜栱呈45度夹角，斜栱上再承斜栱，形成一个"米"字形交叉结构。第二翘为偷心造，不施瓜栱。厢栱、耍头、斜栱相交于二翘上的圭形十八斗上，又形成了小的"米"字形交叉的结构，这个创造给这座建筑增加了一个极具个性的亮点，既提高了斗栱的稳定性，又增加了斗栱的观赏性。前檐的七攒斗栱耍头的后尾做法不同，柱头科耍头后尾是由五架梁的梁头雕刻而成；而平升科耍头后尾做成拱形，上施一小斗承托上金檩，这样的做法不多见，也是这座建筑的另一个创新。

舞台内部不见金柱，而是修砌一堵砖墙，砖墙上承平板枋，上施七攒单翘三踩斗栱。柱头科为偷心造，无耍头和厢栱，单翘直接承托五架梁的梁头。平升科单翘上施十八斗，承拖耍头与翼形栱，翼形栱雕刻为卷草样式，耍头则雕刻成云头。正心瓜栱上承正心枋，承托下金檩。

南面大额枋上施七攒斗栱，柱头科为单翘单下昂五踩斗栱，里拽为双翘。明间平升科为双翘出45度斜栱五踩斗栱，次间平升科为双翘五踩斗栱，斗栱的外拽做法与北面前檐斗栱做法相同，里拽结构有所不同。平升科里拽耍头后尾不承托金檩，直接插入舞台的内墙里；柱头科里拽二翘上承单步梁，梁头一端插入舞台的内墙，另一端雕刻成耍头。

舞台斗栱种类多样，有五踩斗栱、三踩斗栱、丁华抹颏栱等共三十四攒，遍布在柱头、补间、梁架之间，发挥着重要的承载作用。

03 舞台立面

04 舞台题记

05 舞台梁架

06 舞台斗栱

（二）过殿

金元建筑风格，石砌台基，面阔三间，进深六椽，单檐歇山顶，出檐深远，飞檐翘角。琉璃脊剪边装饰，飞龙牡丹纹琉璃正脊，正脊两端装有螭吻；脊刹底部设一对吞脊兽，上为象驮宝瓶；垂脊和戗脊下端均施望兽。灰色筒瓦屋面，花卉纹勾头滴水。山花较高，施搏风板、悬鱼和惹草。明间南北开门，均为板门；次间北面无窗，南面施破子棂窗。

过殿前后檐各用四柱，有生起、侧脚，且收分明显。柱头用阑额、普拍枋承托斗栱。柱身为石灰岩石柱，柱础为一米见方的柱基石，明间两柱柱础石略高，角柱柱础石略低。东西山墙内各施两柱，仅柱头露出，柱身为砂岩石柱。石砌台基南面正中施一路垂带踏道，砂石垂带、砖砌象眼。

过殿梁架为抬梁式屋架，四椽栿接乳栿通檐用三柱。四椽栿后尾上承丁栿，下压乳栿，三者呈"丁"字形交互于内柱之上。蜀柱两侧用合楷，蜀柱柱头施交互斗承托平梁与枋木，枋木隐刻横栱并施散斗承托上平槫。平梁上用蜀柱、合楷、丁华抹颏栱、大叉手承托脊槫。蜀柱之间用襻间枋相连。南北两处的劄牵做法不同，南侧劄牵在四椽栿上方，为"月梁造"，一端放置于驼峰上交互斗内，一端插于蜀柱中。北侧劄牵在乳栿上方，为一枋木，一端由蜀柱上交互斗承托，一端插于丁栿前端蜀柱之中。劄牵、蜀柱、托脚形成三角形稳定支撑。

丁栿一端压于山面柱头铺作之上，一端压于四椽栿之上，南北两处丁栿做法不同，南侧丁栿一端由山面柱头铺作二跳后尾承托，低于四椽栿，所以丁栿另一端逐渐变细，并且弯曲向上压于四椽栿之上，其上用蜀柱承托系头栿。北侧丁栿一端由山面柱头铺作里转上昂承托，高于南侧丁栿，与四椽栿等高，丁栿另一端与四椽栿十字相交，其上用驼峰承托系头栿。系头栿和下平槫十字相交于交互斗之内，上承仔角梁，下压老角梁。

过殿外檐施斗栱二十四朵，其中柱头铺作八朵，补间铺作十二朵，转角铺作四朵。前檐柱头铺作为单杪单下昂五铺作计心造，里转一跳华栱跳头施翼形栱，二跳下昂后尾成绰幕枋，上承四椽栿。后檐柱头铺作为单杪单下昂五铺作计心造，一跳华栱里转成蝉肚绰幕枋上承乳栿，昂尾向上至劄牵之下，承挑下平槫。前后檐补间铺作单杪单下昂五铺作计心造，唯有后檐明间补间铺作出 45 度斜栱。补间铺作里转二跳华栱出令栱，明间昂尾上挑枋木，枋木承托下平槫；次间昂尾承抹角梁。山面补间铺作单杪单下昂五铺作计心造，里转二跳华栱出令栱，正中补间铺作昂尾上挑系头栿；两侧补间铺作昂尾承抹角梁。山面柱头铺作单杪单下昂五铺作计心造，里转做法不同，前面已经提到，这里不再复述。

过殿的分槽内柱在后檐，柱础为素覆盆式，内柱粗壮硕大，柱头有卷杀，两内柱间设内额，上承普拍枋，普拍枋上有两朵单杪四铺作斗栱，其栌斗之大很罕见，上宽长度超过四椽栿的直径。泥道栱上承泥道慢栱，慢栱之上有两道枋木，最上一道枋木与丁栿相连。一跳华栱跳头上施交互斗，出翼形栱和绰幕枋，绰幕枋承托四椽栿；华栱里转为蝉肚绰幕枋，枋上托举着乳栿。

07 过殿正立面

08 过殿背立面

09 过殿斗栱

10 过殿斗栱

11 过殿梁架

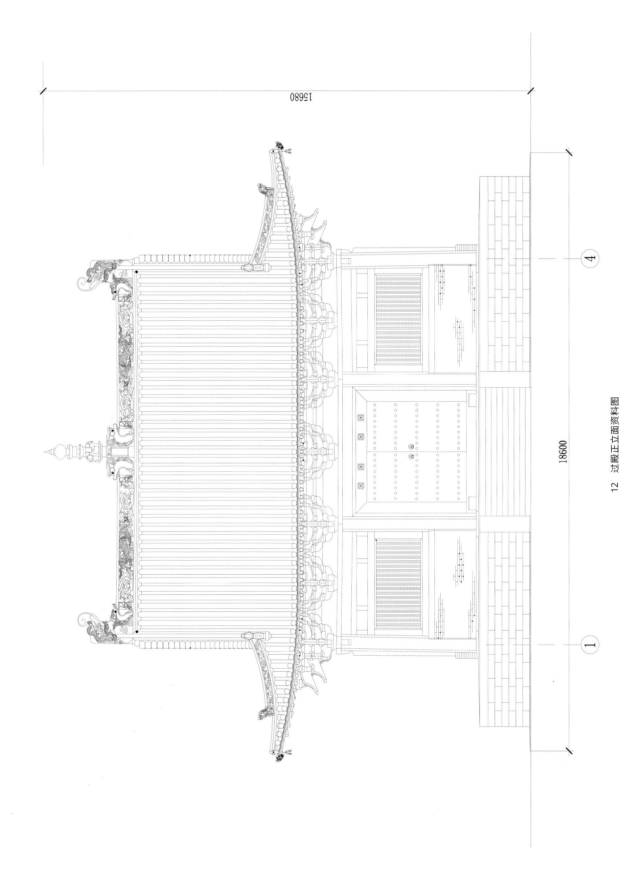

阳

城

卷

15680

18600

12 过殿正立面资料图

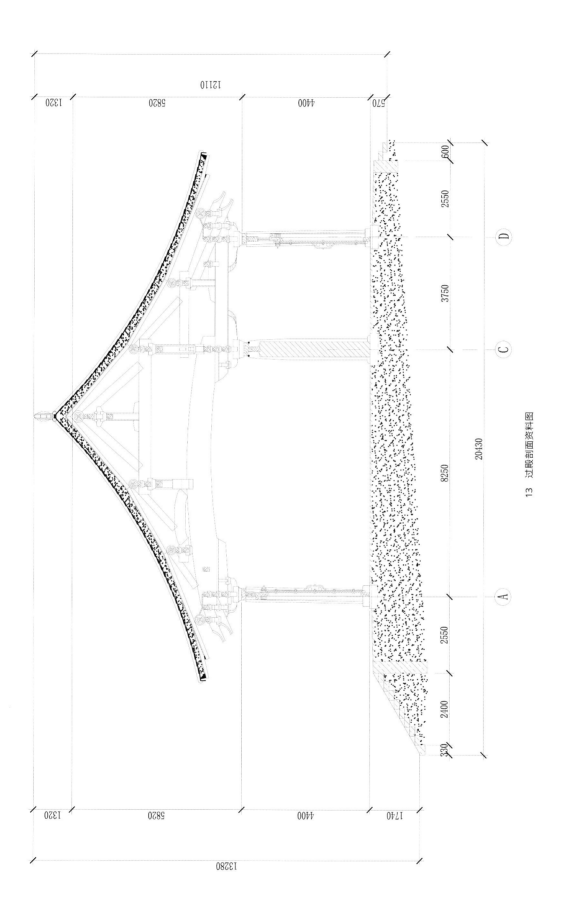

13 过殿剖面资料图

（三）大雄宝殿

金元建筑风格，建于石砌台基之上，面阔五间，进深六椽，单檐悬山顶，出檐较深，用材较大。屋面施灰色筒板瓦，兽面纹勾头，花卉纹滴水。琉璃脊剪边装饰，飞龙牡丹纹琉璃正脊两端装螭吻，象驮宝瓶样脊刹左右吞口相背，四条垂脊前端施望兽。山面施搏风板、悬鱼和惹草。前檐明间和次间施六抹隔扇门，梢间施四抹槛窗，均为三交六椀棂花隔心。

大雄宝殿前檐用木质檐柱六根，有侧脚、生起，檐柱收分、卷杀也很明显。柱头之间施阑额，之上施普拍枋承托斗栱；柱础为素覆盆式。台基正中有一路垂带踏道，两级台阶，垂带象眼为一整块砂岩石所雕。

殿内梁架为抬梁式屋架，四椽栿后槽对乳栿通檐用三柱。五间屋身仅在后槽明间用两根内柱，减柱造做法。内柱用材硕大，柱头卷杀明显，柱础为素覆盆式。内柱内侧施丁头栱承托月梁于两内柱间，月梁上施阑额，柱头上各施一朵斗栱；内柱外侧出绰幕枋承托大内额至山面，东西大额枋上各施一朵斗栱；后槽四朵斗栱承托四缝梁架，四椽与乳栿在此相交。四椽栿上用蜀柱三根，北侧两根承托平梁，平梁两端承托上平槫，平梁正中用蜀柱，上置丁华抹额栱同大叉手承托脊槫；南侧蜀柱上承劄牵托举下平槫。乳栿由内柱斗栱与后檐斗栱承托，其上置蜀柱，上承劄牵，劄牵上承下平槫。大雄宝殿虽为减柱造，但在历代修缮过程中，梁栿下添加了支撑柱，一直保存至今。

大雄宝殿前檐普拍枋上施七朵斗栱，其中柱头铺作六朵，补间铺作一朵。明间和梢间四柱为五铺作双下昂计心造，矩形栌斗；次间两柱为五铺作单杪单下昂计心造，圆形八瓣栌斗。柱头铺作里转均为偷心造，出两跳华栱，耍头后尾为绰幕枋承托四椽栿。明间用补间斗栱一朵，为五铺作双杪计心造，圆形八瓣栌斗，瓜子栱、瓜子慢栱、令栱抹斜；里转为偷心造，在第二跳之上，从斗心向上支出一单材斜插，形似挑斡，且两材叠用，上昂头向上承托下平槫。

殿内后槽斗栱为单杪四铺作。其中内柱之上柱头铺作两朵，计心造，圆形八瓣栌斗，一跳华栱上用足材绰幕枋，并施令栱与替木托举四椽栿，里转一跳出足材绰幕枋上承乳栿。两侧大内额之上各置一朵斗栱，矩形栌斗，一跳华栱上用足材绰幕枋，托举四椽栿，里转一跳出足材绰幕枋上承乳栿；泥道栱上置单材泥道慢栱承托柱头枋。东西山墙各施一朵斗栱藏于墙中，仅露出部分泥道栱和泥道慢栱。

开福寺

15　大雄宝殿正脊　　　　　　　　　　　　　16　大雄宝殿正吻

17　大雄宝殿梁架

18　大雄宝殿碑刻　　　　　　19　大雄宝殿碑刻细部　　　　　　20　大雄宝殿碑刻细部

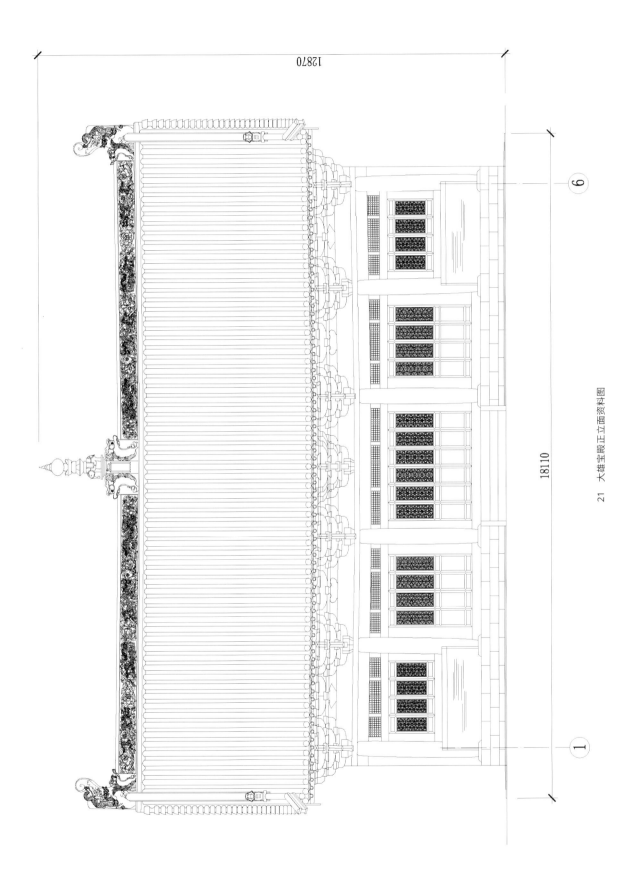

21 大雄宝殿正立面资料图

开福寺

12870

18110

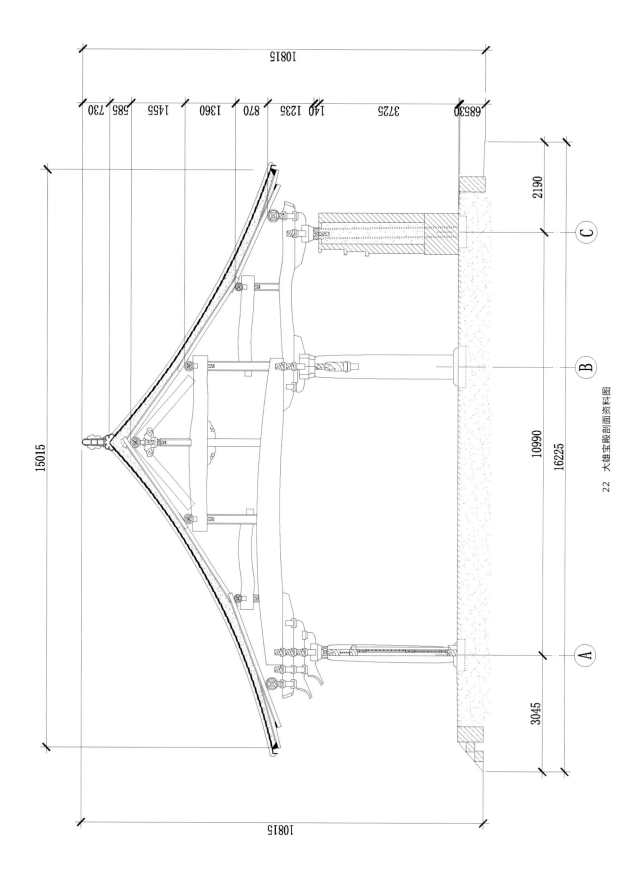

22 大雄宝殿剖面资料图

三、价值特色

（一）红色文化遗址

八路军晋豫边游击支队（亦称唐支队）是晋豫边敌后抗日根据地一支重要的武装力量，是开辟、建立、巩固敌后抗日根据地，开展游击战争的重要保障。唐支队司令部曾驻县城开福寺内。

1938年3月中旬，八路军晋豫边游击队在横河镇下寺坪千峰寺成立，唐天际任司令员。1938年10月，根据八路军总部命令，八路军晋豫边游击队改称八路军晋豫边游击支队，属八路军总部和中共晋豫特委双重领导。

唐支队在阳城期间，坚持抗战，广泛活动在晋豫边地区，开展游击战争，积极支持配合阳城地方党的工作，为阳城工人游击队、基干游击队等地方武装培训武装干部，扩大了共产党、八路军的政治影响，给阳城人民留下了深刻、良好的印象，与阳城人民结下了鱼水深情。阳城人民热情支援子弟兵，帮助支队建设。这些都为日后八路军太岳南进支队重新开辟阳城根据地奠定了深厚的群众基础。

在反顽斗争中，唐支队支持、保护地方党组织和抗日团体与蒋、阎顽固势力进行了坚决的斗争。"晋西事变"时，积极掩护地方党和抗日政府转移，保护了一大批党员、抗日干部。抗日战争时期朱德、彭德怀、杨尚昆等老一辈革命家途经阳城时都曾在此停留，对中共晋豫特（地）委、唐支队及阳城的抗战工作作出重要指示。

开福寺现为全国重点文物保护单位，又是重要的红色文化遗址，积极发掘红色文化信息，讲述革命故事，具有重要意义。

（二）建筑特色

1. 斗栱特色

大雄宝殿使用了圆形八瓣栌斗；外转计心造，里转偷心造；只施一朵补间铺作，并且使用了"上昂"构件，这一做法在晋城地区比较罕见，如果不是后来修缮时对原有旧昂尾的重新利用，那么这就是一种对早期做法的继承，值得认真研究。

过殿外檐斗栱均为单杪单下昂五铺作计心造，里转一跳华栱跳头均不施瓜子栱而是施翼形栱，提高了斗栱的装饰效果。

舞台明间平身科出45度斜栱，其厢栱、耍头、斜栱相交于二翘上的圭形十八斗上，又形成了小的"米"字形交叉结构，这个做法给这座建筑增加了一个极具特色的亮点。

2. 梁架特色

大雄宝殿的减柱造，可使室内空间宽敞。这种做法发展至金元时期已非常普遍。

过殿建筑结构做法基本继承了宋《营造法式》的规定，并有一些科学合理的新创造，可以说是上党地区元代建筑的上乘之作。

四、文献撷英

传世文献

清《阳城县志》载，开福寺在县西化源坊石晋天福四年（939）建（府志北齐天保年建），旧名文殊。寺金大定中改名福严，洪武初改今名，僧会司居之，乾隆十七年（1752）寺僧元宝等重修。

历代常有文人墨客慕名而来，留下了大量的咏景佳句。清道光年间，城内诗人田秾（曾任陕西长武知县），辞官返乡后，与寺僧结缘，曾写《早过开福寺》，诗云：

古寺钟初歇，檐端透日华。晓烟冲鸟雀，松雪落天花。寒意知春浅，禅心静不哗。已堪孤闷破，活火况烹茶。

堂奥曾写《诗赠元彰和尚归院》，诗云：

老衲西南曳杖回，山门斜对虎峰开。青山到处堪栖鹤，绿水随缘可渡杯。法雨还沾卓锡地，慈云仍复看经台。好风吹得头争白，松竹成林去日栽。

据《泽州府志》，清末阳城有十大寺，分别是开福寺、福缘寺、弥陀寺、海会寺、白岩寺、云峰寺、金台寺、上义寺、千峰寺、灵泉寺。

题记

开福寺过殿东北檐角的老角梁上发现有元大德元年（1297）的题记。

过殿明间东侧石柱刻有题记：坊郭曹家张氏赵家苗氏同施。

过殿明间西侧石柱刻有题记：坊郭史五婆王氏施保佑自身安乐。

开福寺舞台脊檩下方襻间有题记：时大清乾隆三十一年岁次丙戌四月庚子朔月十六日乙卯宜月吉时上花梁□寺重修……

碑刻

开福寺现存碑刻五通，佛教造像碑一通，均放置于大雄宝殿后檐墙。

□□年《重立碑记》：开福寺院并菜园地四至碑记

明景泰七年（1456）《开福寺修饰慈氏阁记》

明嘉靖十年（1531）《重修观音创立燠阁》：开福寺临街观音阁重……

清康熙九年（1670）《同善记事》：……安置于城中开福寺新建库楼……

民国六年（1917）《开福寺重修各殿碑》：开福寺重修大雄殿并前后各殿东西禅堂记

03

润城东岳庙

润城东岳庙 / RUNCHENG DONGYUE MIAO

一、遗产概况

润城东岳庙位于晋城市阳城县润城镇润城村三门街中段,为润城地标性建筑,也是当地人们春祈秋报的重要场所,庙中祭祀的是道教中的天齐仁圣帝即东岳大帝。东岳庙创建年代不详,据庙内明万历二十一年(1593)五月十三日碑文记载:"古正殿建于大金之前,系重修也。"明万历二十一年五月二十一日碑文记载:"镇中,古有东岳庙三进,东西廊,并七十四祠圣像。"由此可知,一是东岳庙创建年代可追溯至金代之前;二是东岳庙原为三进院。据老者回忆:东岳庙原有山门、钟楼、鼓楼、过殿、偏殿、东西配殿、舞楼、献殿、正殿、后宫等建筑,"文革"期间山门、前殿、舞楼等被毁。现仅存拜亭、天齐殿及耳殿、后宫及耳殿,其中天齐殿东西耳殿有宋金建筑特征,拜亭、天齐殿为明代建筑,后宫及耳殿为清代建筑,占地面积3000余平方米,是研究当地明清建筑变迁不可多得的生动实例,具有较高的历史研究价值、建筑文化价值和文物保护利用价值。庙内现存明代碣四方,清代及民国碑刻十三通。2006年5月25日被国务院公布为第六批全国重点文物保护单位。东岳庙山门外的三门街在宋代已成规模,是润城镇社会、经济、文化、交通中心,是东西驿路与商道途经润城的主要通道,街巷长约140米,宽3~5米。街巷原有三个门,即西梢门、不二门、东门。通往东岳庙的不二门意日举办"忠贞不二"(门匾现存于三官庙内)。如今依然商铺林立,人群熙攘,一派繁荣景象。润城每年农历四月十八有传统庙会。

01 润城东岳庙正面图

润城东岳庙原为润城幼儿园办学使用，2013 年幼儿园搬迁后，阳城县文物部门组织编制了《润城东岳庙文物保护规划》；山西南部早期建筑工程对现存本体进行保护和修缮；2013 年国家发展和改革委员会工程项目对周边环境进行了治理，修建了管理用房，完善了消防设施，润城村组织恢复了东岳庙山门、文庙山门；2021 年润城村对庙宇东侧环境进行了提升改善；2022 年山西省文物局为东岳庙配备安装了动态环境监控系统设备，文物安全监管体系更加完善。

二、建筑特点

（一）拜亭

建于高约 50 厘米的青石台基上，平面呈正方形，四根方形抹角石柱开间，四周设望柱栏板，中间为两步踏垛，两侧有抱鼓石式垂带，单檐十字歇山顶。屋顶覆盖绿色琉璃瓦，黄色琉璃方心，孔雀蓝色琉璃吻兽、脊饰。正脊雕刻浮雕游龙、折枝牡丹等图案，垂脊雕刻有卷草、娃娃采莲等图案，戗脊置嫔伽，搏风板和悬鱼也为琉璃制品，雕刻云龙图案。檐部施大额枋，大额枋上有平板枋，下有蝉肚雀替。四周转角斗栱为五踩，正出翘为琴面双下昂龙形耍头，两侧出两道斜翘，后尾分别挑承藻井。四周补间均置三攒五踩斗栱，正中一攒斗栱有正斜出翘，两侧两攒只有斜出翘。亭内顶部呈穹隆形，八角藻井式，中间由十六攒斗栱与八根抹角梁相接，抹角的梁头位于补间斗栱后部的翘上，并在尾部设八根雕刻精美的垂莲柱。藻井设计精巧，造型华丽，整个建筑以角科斗栱和抹角梁为支撑，用梁尾托举起踩步金，以承檐椽及整个屋架，其木雕艺术和斗栱结构为明代小木作精品。斗栱和梁架上仍依稀可见彩绘。纵观拜亭梁架，用材统一，梁架制作规整。其斗栱用材较小，华丽繁美，接近于《营造法式》规制，虽经多次修缮，其梁架仍保留了原状，为明代遗存。

03 拜亭屋脊

04 拜亭梁架

台基四周施石雕栏杆，栏杆的间柱石上雕有狮、猴、象、狻猊等瑞兽，栏板雕刻有花卉、龙等吉祥图案。台基前有垂带踏垛，拜亭内两侧竖碑刻三通，其中西侧一通为清康熙四十二年（1703）补修东岳庙施财碑，有户部广西清吏司郎中张茂生、勒封文林郎知县郭鹏举施银记录。

05　拜亭石栏杆

06　拜亭石栏杆

07　拜亭石栏杆

08　拜亭石栏杆

09　拜亭石栏杆

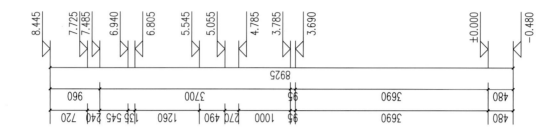

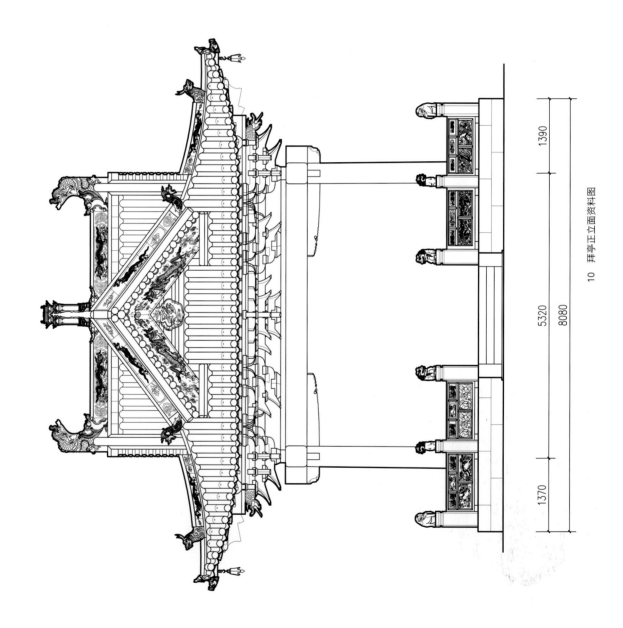

10　拜亭正立面资料图

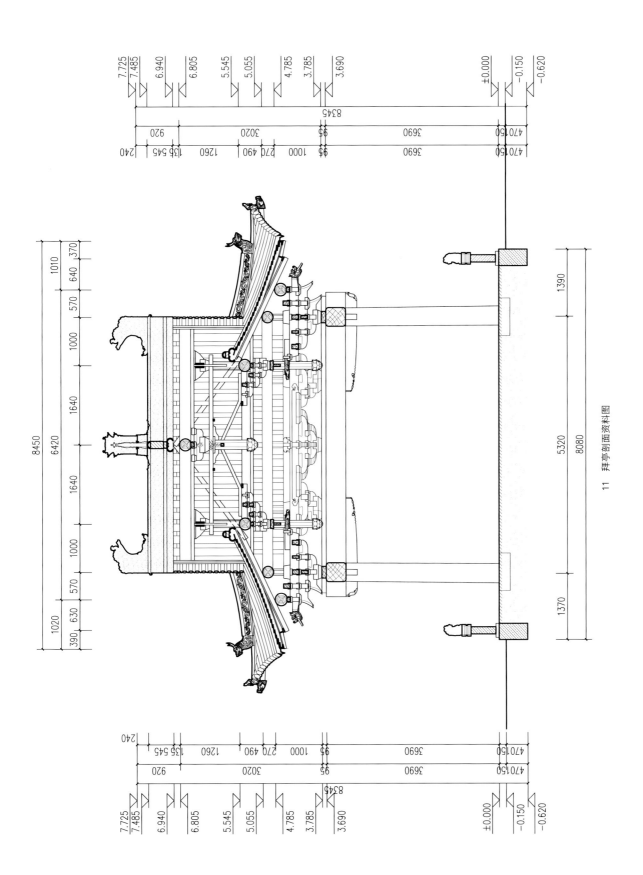

11 拜亭剖面资料图

润城东岳庙

（二）天齐殿

拜亭后两侧设两步踏垛通往天齐殿，屋面瓦件上有"清同治八年重修"题记。建于一米高的石砌台基上，面阔明三暗五，进深六椽，前檐为三间，通檐用四柱，收分明显。内檐金柱六根，五架梁屋前插两步廊。前檐出廊设石栏杆，中间为三步踏垛，两侧设抱鼓石式垂带，单檐悬山顶。屋顶施黄绿琉璃瓦件，孔雀蓝琉璃吻兽。明间两侧有石雕雄雌狮子各一。檐部则为面阔三间，进深两间。檐柱柱础下为覆莲，上为鼓镜石；金柱柱础明间为须弥座石狮，次间为方形须弥座。檐部柱头施大、小额枋，与柱头上的平板枋连构。前檐廊柱柱头科耍头后尾与内檐柱头科斗栱相连。后檐柱头科耍头后尾直托五架梁。前檐柱柱头科斗栱及后檐柱头科斗栱上承五架梁，五架梁前端直抵廊部单架梁，后端与后檐檩交接。檩下用替木连构。廊部单步梁上置下金瓜柱一根，下金瓜柱上置翘头及斗；后檐五架梁上置下金瓜柱一根。五架梁中端及前端（前檐柱中）上置上金瓜柱二根，上金瓜柱头垂直于三架梁方向出额枋、平板枋，与上金瓜柱共同承托三架梁。三架梁中部置脊瓜柱，上承脊檩，脊瓜柱横向出丁华抹颏栱，叉手斜戗于两侧。建筑整体用材统一，梁架制作规整。

12　天齐殿立面

天齐殿廊部、檐部皆用斗栱。其廊部共计二十攒，共分为两种形制。柱头科五踩重昂造，平身科五踩重昂造，45度出斜昂。廊柱柱头科，五踩双下昂，里转五踩双翘，二跳昂上出耍头，耍头后尾为单步梁。廊柱平身科分两种：平身科为五踩双下昂，里转五踩双翘，二跳昂上及里转二跳翘上均出耍头。而正中平身科结构上相向连出三道斜昂，形制独特。前檐内檐柱头科斗栱，三踩单翘，里转亦为三踩单翘。与廊部柱头科斗栱单步梁相连接，里转出头直托五架梁。平身科斗栱分为两种，均为三踩单翘。明间正中平身科结构上相向连出一道斜昂。后檐柱头科斗栱，三踩单下昂，里转三踩单翘。撑头后尾出头直托五架梁。平身科，三踩单翘，里转亦为三踩单翘。前檐两侧皆有望柱、栏板。望柱上雕狮、象等瑞兽。石栏板上雕刻云龙、人物、花卉等图案，栩栩如生。天齐殿东西两侧各有耳殿三间，进深四椽，柱子收分明显，斗栱用材硕大，栌斗为圆形八瓣，有宋金建筑特征。天齐殿共有碑刻八通，镶嵌六通，竖立两通。

13　天齐殿屋顶脊刹

14　天齐殿正吻

15　天齐殿隔扇门

16　天齐殿梁架

17　天齐殿石栏杆

18　天齐殿石栏杆

19　天齐殿侧立面

20　天齐殿背立面

21　天齐殿东耳殿木构件

22　天齐殿斗栱

23　天齐殿西耳殿立面

24　天齐殿东耳殿立面

（三）后宫

过天齐殿西侧拱券门进入后宫。后宫建于1米高的石砌台基上，据殿内花梁记载，创建于清乾隆三十八年（1773），为二层建筑，一层面阔五间，进深六椽，中间设四步踏垛，二层面阔五间，两侧梢间为木结构廊间，单檐歇山顶，屋面琉璃剪边，孔雀蓝琉璃吻兽、脊饰，前置木质楼廊，梁架施有彩绘，墙上有壁画，檐部斗栱为三踩单翘，平身科及角科斗栱结构上相向连出两道斜栱。柱头科中十八斗上出撑头，其为五架梁出头。后宫东西两侧各有耳殿三间，进深四椽，柱头为三踩斗栱。登楼而望，古镇景致尽收眼底。后宫墙内镶嵌碑刻四通。

25 后宫侧立面

26　后宫正立面

27　后宫斗栱

28　后宫石刻斗栱

29 后宫正脊脊饰

30 后宫二层护栏

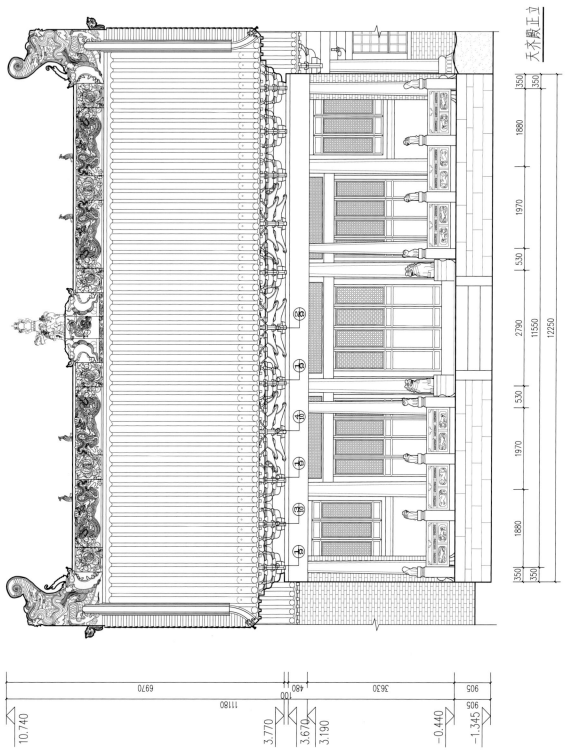

31 天齐殿正立面资料图

天齐殿正立

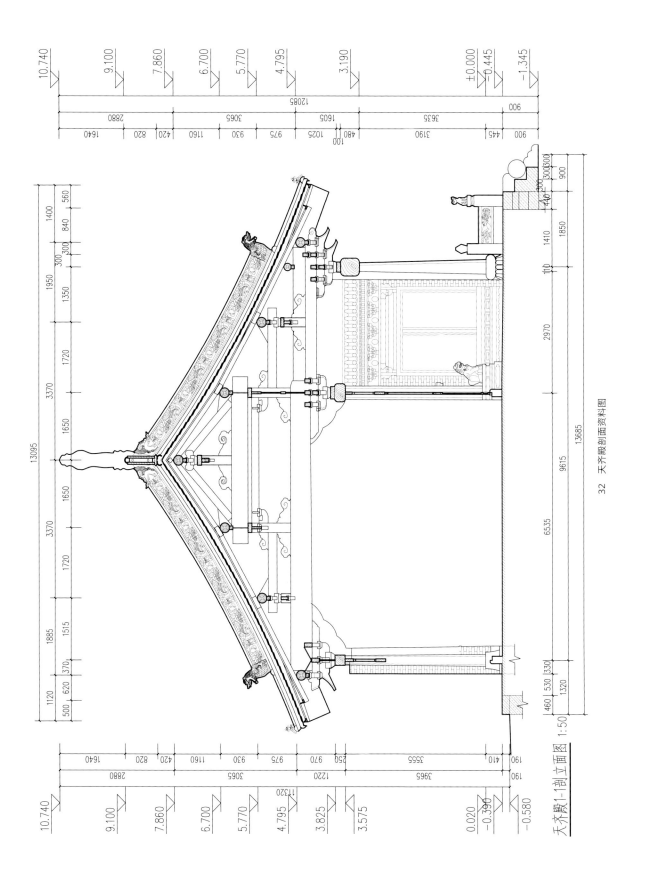

天齐殿1-1剖立面图 1:50

32 天齐殿剖面资料图

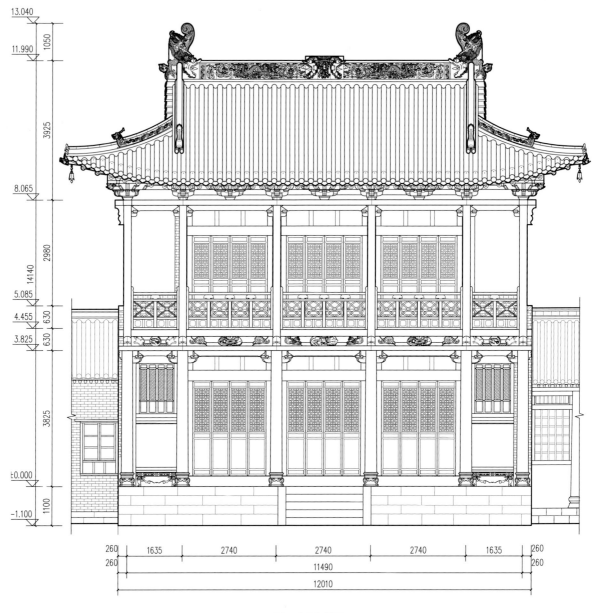

33　后宫正立面资料图

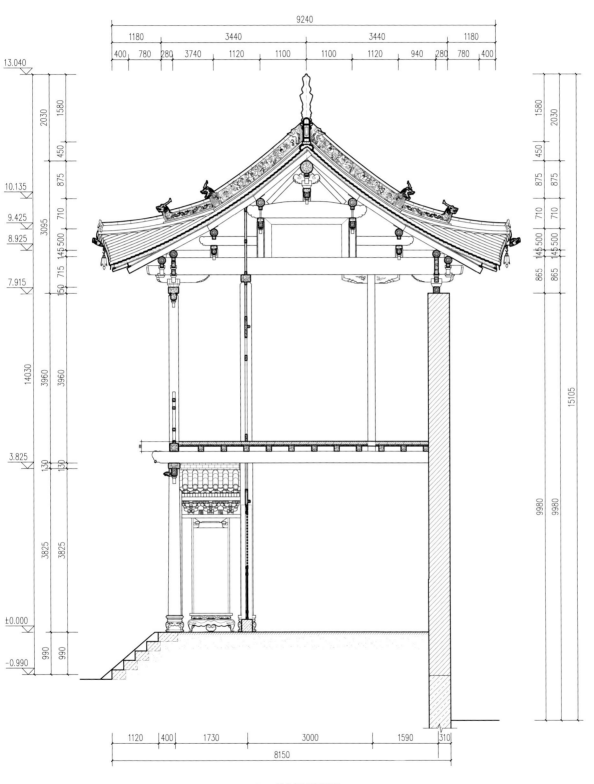

34 后宫剖面资料图

三、价值特色

润城东岳庙的精华是巍然耸立、结构奇特的八角亭，亭内雕梁画栋，斗栱交错；亭顶琉瓦飞檐，脊兽排列；亭底石雕围栏，古碑矗立。最有特色的是精工细雕、巧夺天工的藻井，使八角亭显得庄严肃穆，气宇轩昂。庙内的文物建筑、碑刻题记等共同见证记录了东岳庙的建成、发展和变迁，展现了地方民俗、宗教、社会发展的历史变迁。

（一）琉璃构件特色

东岳庙中的琉璃屋面最为精美，几乎每个建筑屋面都有使用明代阳城乔氏琉璃，其琉璃工艺达到明代琉璃制品的巅峰水平，为乔氏琉璃的代表作，特别是拜亭屋面的孔雀蓝琉璃构件，色彩鲜艳，精美绝伦。后宫琉璃屋面正脊雕刻为龙纹，垂脊雕刻为莲生童子。阳城境内寿圣寺、开福寺、羊泉汤帝庙、西冶汤帝庙、刘西府君祠等建筑上均用乔氏琉璃，并且留有题记。

（二）藻井艺术

拜亭八角藻井工艺高超，结构精密，达到了建筑美和艺术美的有机结合，反映了在过去的历史条件下人们对建筑美学的审美观，是研究我国传统建筑结构的独特范例，具有极高的科学研究价值。

（三）斗栱艺术

一是拜亭使用斗栱较多，二是拜亭补间斗栱造型奇特，每面均有三攒斗栱，仅有斜出翘的较为少见。

（四）宗教文化

东岳庙是一座道教建筑，是道教宫观中罕见称"庙"的殿宇，是道教宫观典型遗存。东岳庙是原旧城社区中心，是人们交流、活动的场所，每月举行庙会的传统沿袭至今。这座规模宏大、体系完整的道教古建筑群，具有极高的道教文化研究价值、科学价值和独特的艺术价值。

（五）石雕艺术

1. 石刻艺术

天齐殿前檐东西山墙为两块仿木结构屋檐石雕照壁，檐下五朵三踩斗栱，各朵间雕刻花卉，额坊下丁字栱间雕刻缠枝花卉纹，照壁内各镶嵌两通碑刻，照壁四周边框雕刻东侧两通为《王淑陵及十二坊施银碑记》碑，西侧两通为《润城镇张世德及十二坊施银碑记》碑；天齐殿次间窗户槛墙内镶嵌两通碑刻，东次间碑刻两侧行书线刻"太山岌巍嶂三关五边遮夷远，沁水泩沧折一条金带来润城"；西次间碑刻两侧行书线刻"莫哂玖崖讫□中子年制度，休殁瑛□僣偌内万代光辉"。

后宫前檐东西山墙为两块仿木结构屋檐石雕照壁，檐下三朵三踩斗栱，照壁内各镶嵌一通碑刻，东侧碑刻各朵斗栱间雕刻"福"字，平板枋下两侧刻"回"

字纹，两侧线刻龙纹和祥云纹，西侧碑刻四周刻花卉纹；后宫梢间窗户槛墙内镶嵌两通碑刻，西侧碑刻两侧线雕八仙人物，东侧碑刻两侧线雕缠枝花卉纹。

2. 石雕栏杆

天齐殿石雕栏杆，栏板外侧雕刻麒麟等瑞兽图案，栏板内侧线雕杨震辞金、韩伯俞泣杖、姜诗孝母等人物故事；拜亭四周石雕栏杆雕刻精美，石狮、石猴、石象等栩栩如生，活灵活现。

（六）奇异古树

在天齐殿东耳殿东侧有一棵造型奇特的古椿树，树根呈拱形，百姓考虑古树的稳定性，将树根用砖砌成拱券形。

（七）文物日常养护意识

碑文有载："……庙貌经远，遅烂方，每岁有二十四人当年管社庙即付已，古今续理，春祈秋报并小献，献重费钱水盛劳力照常量行，渎遗扫庙事，每春清明日会社，每坊觅二人共二十四人，伙置纸斤石灰，各执苕帚上殿，并大小廊厦挨整瓦，少者让处补完，八月十四日照前如此一年二遍，怎得烂殿岂不固久，修建桥梁者为济人之便，扫整庙貌者，为栖神之祈安此二事俱祈万福不浅，每年肯依此者，即守业方知创业难，若违不依者，损其神社而易，背先人之遗言，祈上神察之乞……"

由此可见，先人已充分认识到文物建筑日常养护的必要性和紧迫性。

四、文献撷英

明万历二十一年（1593）五月十三日《重建东岳庙记》碑

居天齐殿西次间窗户槛墙下方。记载了正殿重建年代，建筑规模，古有十二屹塔，但人移乱，为统一管理，明万历二年（1574）分为十二坊，各坊有坊名，至路为始及修建后宫的缘由等。碑文节录如下：

古正殿建于大金之前，系重修也，旧植，半替薄方，素弱硬门各色朽烂不堪，周基砖根无石，以经五百余年，张诏等同议众，加工重修……神圣诞期，并挚神、什物、祭椁等件年年依此，今入卧石，内面开明，恐后人争占者，入庙目石。一款正殿后社仓原社地也例无常例，待不行时，正殿中间墙内，暗隐屏峰门开安建为后宫此预先备之后人行之……

明万历二十一年五月二十一日《重修东岳庙记》碑

居天齐殿东次间窗户槛墙下方。记载了东岳庙旧制及重修扩修正殿。碑文节录如下：

……镇中，古有东岳庙三进，东西廊并七十四祠圣像，年远倾毁无迹，止存正殿舞楼，上下三门等，庙具塌上倒下，风雨难遮。人敬神而必灵，神佑人而赐福，庙新村壮，庙破村穷，人人叹曰。意为者，惧功大力微，众视挨托。数春不敢擅为。万历二十年，蒙县主叶爷，山东德州人，进士出身，亲诣乡约，见殿塌毁，张诏等禀建，慨得金语重修。……旧殿三间，底烂不堪，遗旧物十分无一厘，俱系新建化置，虽名重修，功大即系创建，先将为首勒入卧石，……建此殿明三暗五先高六尺，深周阔大，盛前十倍，不负仙遣之词。

明万历二十一年（1593）十二月《重修东岳庙记》碑

居天齐殿前檐东山墙内。碑文节录如下：

……无碑碣莫知创始之由，……东岳者泰山之神也，祀法诸侯祭封内山川，……按博物志泰山尊神五岳为天帝之孙王，招人魂魄，东方万物成，故知人生命之修短，王者受命。报功必首祀之而封泰山禅梁父为哲王，王之令兴前代封为天齐仁圣帝……

清乾隆三十六年（1771）《润城社新制神伞仪仗记》碑

居天齐殿前檐东角柱外侧。东侧碑前一半刻正文，后一半及西侧碑刻"施财芳名"。碑中记载了润城东岳庙迎神赛社活动，是不可多得的珍贵资料。碑文节录如下：

……乾隆三十有六年春，社首魏君世栋、张君世禄、成君文宠等，毅然更新……西角柱外侧为润城十二坊（三圣坊、铸佛坊、神右坊、街市坊、神左坊、镇溪坊、文林坊、通沁坊、临沁坊、佛岩坊、玉泉坊、玄阁坊）及砥洎城捐资数目。

清乾隆三十九年（1774）《创修东岳庙后宫碑记》碑

居后宫东梢间窗户槛墙内。记载了后宫修建的缘由、修建及施银过程。碑文节录如下：

……东岳庙重修自明万历年间，其殿宇之巍峨严翼，拜亭、舞楼、宫廷三门无不备具，而后宫缺焉。过斯庙者，未尝不叹非完全之工也。乾隆三十二年社首张士敏，乡者郭锦、王萌生等因阅卧台石，云庙向社会原属社地，正殿墙内暗藏屏风门，开安建为后宫，此预先备之，后人行之，是所愿也……

创修后宫各省府县乡镇施财碑

居后宫西梢间窗户槛墙内。记载了河南息县，浚县淇门，怀庆府清化镇，武陟县木栾店、安东、翟镇，翼城县，高平县冯庄村等地施财明细。

拜亭望柱题记

踏垛望柱南侧有题记：明嘉靖三十四年（1555），润城镇上庄里杨谦携儿、孙、曾孙捐银壹拾贰千六百文创修石栏杆一围。

踏垛望柱西侧有题记：清顺治十四年（1657），补修石栏杆台基。

砥洎城全景 - 由北向南

砥洎城 / DI JI CHENG

一、遗产概况

　　砥洎城俗称寨上，位于晋城市阳城县润城镇润城村西北。创建年代不详，据碑文记载，明景泰六年（1455）土地庙东移；明天顺三年（1459）春重修土地庙；明正德十二年（1517）重修黑龙庙；明崇祯六年（1633）至崇祯十一年（1638）杨朴与众人扩建砥洎城；明崇祯十二年（1639）重修大士龛；清顺治八年（1651）至十一年（1654）重修三圣殿、雷神殿，补修丰都殿、黄龙殿，创建牛王圈神；清顺治十年（1653）修建瓮城；清康熙三年（1664）修寨；清康熙十三年（1674）补修西北城墙；清康熙二十三年

01　城门楼正立面　　　　　　　　　　　　　　　　　　　　　　　　　　　　　　　　　　02　城门楼背立面

（1684）重修黑龙庙；清乾隆四十三年（1778）补修黑龙庙；清乾隆五十五年（1790）重修砥洎城三圣庙；清嘉庆六年（1801）补修文公祠；清道光十六年（1836）重修城门楼；清咸丰三年（1853）补修西城及西瓮城东西围墙。由此可知，城内庙宇比城墙修缮年代早。该城建于洎水之中的磐石上，三面环水，沁水此段叫"洎水"，"中流砥柱"的选址布局极具特色，远望其城，坚如磐石的砥柱挺立中流，故名砥洎城。占地面积 3.7 万平方米，周长 704 米（用过去的丈量方法为 422.4 步），城墙高 12 米左右，临水

的部分城墙高达 20 米，设有城门、水门、瓮城和炮台，展现了极高的防御水平。城墙以本地炼铁废弃的坩埚和河卵石为主要砌筑材料，在中国筑城工艺技术中绝无仅有，是现存古城堡中的孤例。城内原有院落 72.5 处、庙宇 10 处及生活所需水井、碾、磨等，现存明清建筑 40 余处。1947 年，太岳军区 264 直属医院和卫校驻扎砥洎城。太岳卫校指导员傅涯（陈赓夫人）曾在城内近光居居住。2006 年 5 月 25 日被国务院公布为第六批全国重点文物保护单位。砥洎城素以"水岸城堡、坩埚铁城、蜂窝城、铜墙铁壁"著称于世，是晋城古堡中一颗璀璨的明珠。砥洎城内现仍居住着 100 余户 300 多口人，呈现了润城一带人们的现实生活场景和浓厚的生活气息，是新时代文物活化利用的典型案例。砥洎城所属辖区润城镇为中国历史文化名镇，润城村为中国传统村落、省级历史文化名村、国家 AAA 级旅游景区。

2010—2022 年县级文物部门争取国家文物局项目资金编制完成了《砥洎城文物保护规划》，完成了城墙、三官庙、三清庙、土地庙、关帝庙、文昌阁、黑龙庙、瓮城及 17 处古民居院落保护修缮工作；2019 年争取国家发展和改革委员会项目资金，完成了砥洎城周边环境绿化、亮化、游客服务中心、停车场、管理用房建设等工作，润城村完成了砥洎城内小环境治理，改造了现代屋面、旱厕、管网，设置了标识标牌。砥洎城成为晋城古堡申遗的六处遗产地之一。2022 年省文物局为砥洎城配备安装了动态环境监控系统设备，文物安全监管体系更加完善。

二、建筑特点

(一)砥洎城抵御体系

砥洎城建设的初衷是为了抵御流寇袭扰，故以"居住"为本，"防范"为辅，因地制宜地构成住防一体的聚落体系。砥洎城的修建有着很强的目的性与计划性，经过周密的规划，充分利用地形，形成了由沁河与堡墙构成的外部防御工事，由街巷、院墙、地道构成的内部防御工事两层防御体系。砥洎城依岩为垣、傍河而建，三面环水、南依村镇。城外沁河水流湍急，为其天然屏障，地理位置得天独厚、易守难攻，被誉为"水围城"。砥洎城在滚滚波涛之中巍然屹立，凛然不可侵犯。城南面与润城古镇相连，连接部分只占城周长的四分之一。

砥洎城是一个典型的防御型城堡，城内有四大防御体系：一是水防御，二是城墙防御，三是街巷防御，四是院落防御。

1. 水防御

砥洎城构建选址的艺术别出心裁，择址标准都与现代科学技术相暗合，在意境上追求的是宽广水阔、生机盎然和恰如其分，在视觉效果上给人以美感和享受。它建在沁河河心砥石，利用得天独厚、易守难攻的地理条件，使之三面临水，给入侵者造成天然的地理障碍和心理畏惧。民间有句俗话："宁隔千山，不隔一水。"三面滔滔碧波，胜似雄兵百万，砥洎城巍然屹立，给人以凛然不可侵犯之气势。南面城门着陆部分，左右炮台高耸，火力层层封锁，且只占城周的四分之一，"可集中兵力一向"收到

03 瓮城

事半功倍的防御效果。

2. 城墙防御

城墙是砥泊城等级最高，且作用最直接的防御构筑物，内墙用货炉埠和当地烧制的石灰以 3:7 的比例搅拌成浆状砌筑而成（货炉埠是铁渣中的一部分，含铁量很高），坚固程度胜过当今的水泥砂浆，且随着时间流逝不断钙化，愈加坚固。内墙修筑工艺既反映了沁河流域古代发达的冶炼业，又体现出民间因地制宜、变废为宝的巧妙创造。砥泊城所在的润城镇明清时冶炼业十分发达，古称铁冶镇。坩埚城墙坚固异常，亦因此被称为锅筒城或坩埚城。城墙"昼防流寇，夜防盗贼"，同时可防风阻水。城墙各段高度不一，南面外墙用青砖垒砌，高约 10 米，东、北、西面临河；外墙选用青石与河卵石修筑。为防御需要，城墙建有炮台、望楼、垛碟、藏兵洞等设施。城墙与城门楼相通，为外环道路，便于环城巡视。

旱门：南门为该城初建时唯一出入口，城门楼三层，高 15 米，一层为门洞，门额书"砥泊城"，二层为武库，三层为城门楼。下层城门洞过道设内外两道城门，其间西侧有门房，外层城门之前原有一道铁闸，1958 年淹没在"大炼钢铁"的洪流中。中层是弹药库，存储有大炮、抬枪、鸟枪、火药铁砂等传统武器装备，直到中华人民共和国成立后依然保存完好。城楼四面开窗，内原悬有一铁钟，供日常计时、遇匪患报警之用，现已不存。

水门：清顺治十年（1653）在城北低洼处石坡上拓出二亩多地，城内居民集资修建了瓮城及北门。北门即水门，南北脉气贯通，门额书"山泽通气"，印证了修建的初衷。水门为五层建筑，最上层为祖

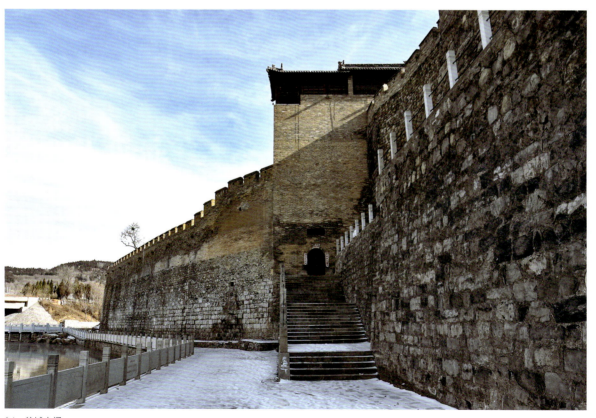

04 瓮城水门

05　城墙

06　城墙

07 城墙

08 城墙

09 城墙

10 城墙

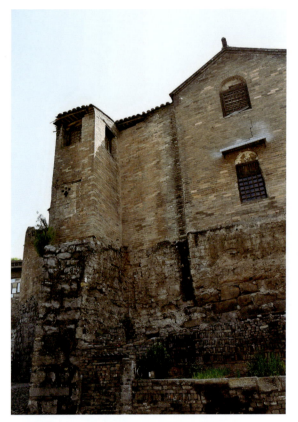

11　城墙

12　铁牛台

13　炮楼

师阁，也称看河亭，四面开窗，视野开阔，每逢泊水涨潮，波涛滚滚，凌然阁上，观水之浩浩，感人生之戚戚。祖师阁上原有一首描述此景的小诗："滔滔泊水抱城来，榱阁红窗四面开。若问此间何所似，金山寺内一楼台。"

3. 街巷防御

砥泊城街巷布局出于"住防一体，平战结合"的理念，路网形似迷宫，城内原有十七条丁字街巷，有进无出，主要巷内还设有街门和过街楼，有专人把守，层层把关，处处设防。城内道路与环城路巧妙相连，并与城墙顶部的环路一同构成立体的"视控"体系，便于防御和监视敌人。环路可作调动兵力的马道，便于快速投入外围战斗，减少与城内居民的相互干扰。城内划分为十大坊，因用地所限，砥泊城内建筑高大密集，街道更显幽邃、狭窄，形成了良好的防御氛围。巷道百转迂回，若陌生人初入其中，便觉如迷宫一般，迷失方向。现在的街巷基本上保留了明代形制。

4. 院落防御

砥泊城内院落多为两进和三进，以四合院居多。建筑以青石砌台基，青砖筑墙，灰瓦盖顶。正房多为三层，厢房两层，望楼三层或四层。院落空间尺度较为宜人，门窗、外廊、檐柱、封檐、瓦脊等雕刻精美，透出几分古朴与典雅。院落外墙又厚又高，无窗或只开小窗，封闭感强，非常符合安全防卫需求。由于城内用地紧张，院落相对窄小，常常数楼并建，有的院落正房角楼高起作"看家楼"，兼有看家护院功能。另外，街坊内的院落可以互相串通，形成独特的"串串院"，有些院与院之间在厢

14 藏兵洞

房或不显眼的地方留有暗门，院门打开则把暗门盖住，道路隔开的街坊院落又有"过街楼"相连，"过街楼"横跨街道，兼具连接与防御功能。有些院落地底下还有地道相连，形成立体防御。平日各户自成独院，一旦兵祸发生，则串连成一体，并可转入地下，从而能够有效保护自己，打击入侵者。

（二）砥泊城内匾额

砥泊城内建筑匾额有"砥泊城""中和""南轩""世泽坊""淑善""崇德广业""怀德居""存其心""静谧居""谦益居""谦受益""敦厚居""孝友为政""笃庆居""居处恭""有恒居""世德作求""文魁""和敬""简静居""得真""怡斋""懿文硕学""涵英茁秀""允升""敬修""素履居""安处善""约垒""近光居""山泽通气"等，匾额用词多出自《论语》《孟子》《诗经》等典籍，言简意赅地体现了人们健康的生活态度、正确的处世哲学及对安宁平静生活的向往。

15　三清庙山门　　　　　　　　　　　　16　鸿胪第大门

（三）代表性建筑

1. 土地庙

居砥洎城西侧。坐北朝南，占地面积 176 平方米，现存明清时期建筑，由正殿、西配殿、山门组成。现存碣两方。

2. 三圣庙（由三清庙、三官庙组成）

居砥洎城西侧，紧挨土地庙。三清庙、三官庙坐北朝南，分布于山门东西两侧，占地面积 538 平方米，创建年代不详，现存为明清时期建筑。西为三清庙，由四神殿、牛王殿、门房组成；东为三官庙，由三圣殿、黄银殿、雷神殿、丰都殿及偏殿组成。三清庙四神殿西山墙外砖刻"啸台"二字。现存碑三通，碣五方，石质门匾一块（为三门街"不二门"的门匾）。

3. 鸿胪第

居砥洎城西侧。鸿胪第为三进院，一进院正南开大门，门设有木质牌楼、板门，门额书"鸿胪第"，占地面积 671 平方米，以二层建筑为主。是清康熙年间鸿胪序班（司饮局）郭璋的府第。郭璋的先辈是明万历年间的宫廷御厨，奉职于万历帝御前。郭璋是被清康熙皇帝的老师陈廷敬引荐入宫后，成为康熙皇帝的御厨，因成功筹办千叟宴，而得到康熙帝的赏赐，在家乡砥洎城兴建了鸿胪第。

17　三清庙正殿

18　鸿胪第院

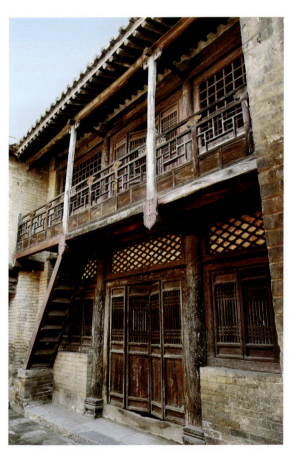

19　鸿胪第一进院东厢房

20　鸿胪第二进院东厢房

4. 张敦仁故居（简静居）

居砥洎城西侧。清代著名文学家、数学家、历史学家张敦仁的故居，两个院落并列连接，由北房、廊房、西厢房、南房、偏院东厢房、偏院走廊、偏院南房组成；廊房后墙紧挨恭处居西楼梯后墙；北房、大门后墙处为巷道；南房后墙处为三官庙。院落平面呈不规则形，占地面积284平方米。入口大门匾额上用楷书阴刻苍劲的大字"敬和"，匾额后书"简静居"（已漫漶不清）。大门朝北，迎面有影壁，进门左拐二门的门匾上书"得真"二字。主体院落为南北向三合院，建筑均为二层砖木结构。

5. 文昌阁

居砥洎城中轴线中央，创建年代不详，平面呈矩形，共有三层，面阔13.12米，进深13.12米。一层为砖石拱券式，两侧设石梯，通往二层，二层室内木楼梯通往三层。二、三层为木结构梁架式，歇山顶。二层墙内镶嵌明代山城一览图。为展示砥洎城完整布局，2014年在原有一层基础上恢复二层、三层。现一层以书法形式展示砥洎城历代名人的简介，二层北侧墙体内镶嵌"山城一览图"。

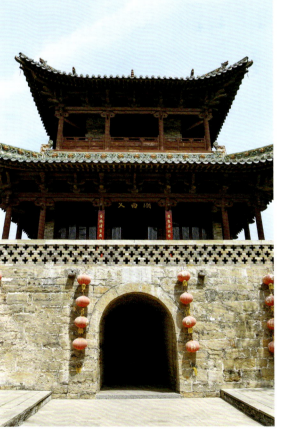

21　张敦仁故居　　　　　　　　　　22　文昌阁正立面

6. 瓮城

居砥洎城北侧。建于清顺治十年（1653），平面为不规则形，占地面积 873 平方米，瓮城内窑洞是古时养马和护城兵丁的生活区。瓮城和四周城墙上环城路、各个炮台、城门楼自成一体，与城内百姓互不打扰。城内备有水井、碾磨，解决居民饮食、饮水的同时亦有防御敌人火攻的考虑。

7. 过街楼——世泽坊

居砥洎城东侧。城内分十大街坊，街坊内院落皆可互通，街坊隔开的巷道上有过街楼相连，这个独特的过街楼连接每个院子，又通过院子连接每个家庭，使空中也成为交通要道，突破四合院单一独立的特点，既独立，又相连。砥洎城内现存过街楼两座，仅世泽坊存有门额。

23　世泽坊

24　关帝庙立面

8. 关帝庙

居中轴线文昌阁前侧。创建年代不详，现存建筑为明清时期建筑，占地面积270平方米。一进院落，建有正殿、东配殿、西配殿、门房及钟鼓楼。山门位于南侧，前有抱厦。正殿面阔三间，进深四椽，单檐悬山顶。五架梁上承金瓜柱，金瓜柱上承三架梁，三架梁上两端承前檐上金檩、后檐金檩，金檩下施随檩枋，三架梁中施脊瓜柱，脊瓜柱上置平板枋，平板枋上承丁华抹颏栱，上为脊檩、随檩枋、脊檩，脊瓜柱间施丁头栱式脊枋，脊枋纵向串联、拉接、稳固脊瓜柱；前檐檐柱柱头施额枋，上承单昂斗栱，斗栱上承檐檩、抱头梁。现存碑刻四通。

25　关帝庙侧立面

26　黑龙庙侧立面

9. 黑龙庙

居砥洎城东北角。一层为大士龛，二层为黑龙庙（原仅存一层，2014年修缮时恢复二层）。据碑文记载，黑龙庙是砥洎城内最高点，也是一城最凉爽之地，东侧山墙砖刻"望暑"二字。现存碑二通。

27 大士龛近景

28 祖师阁立面

三、价值特色

砥洎城所在润城镇初名老槐树，铁业兴旺后易名铁冶镇，又名小城、少城，明嘉靖三十八年（1559）改名润城。北魏郦道元在《水经注》中记载"春秋之少水也，少水今沁水也""沁水即洎水"。砥洎城对研究建筑、官儒、金石、科举、宗教、军事、堪舆等多学科文化具有极高的价值。

（一）选址

砥洎城择址于太行、太岳、中条三山之壑，樊河与沁河两水之间，四壁青山层层环绕，三面碧水滔滔迂回，为天然之大格局的"风水宝地"。一般而言点穴堪舆讲究"藏风避水"，采取消极的顺应天时、地利的态度选择风水地，而砥洎城因地制宜，独创新意，以积极的态度"迎风劈水"，在千米宽的沁河床上，其城似龟，金龟探水；其村若凤，凤凰展翅；又如舟船，击水中流；路网布局，展示理性。巧借沁河河心一块大砥石，使之三面临水，造成得天独厚、易守难攻的地理条件之优势。给入侵者造成天然的地理障碍和心理畏惧因素。砥洎城整个城池东北高西南低，巽门槛主，坐阳朝阴。城内院落皆按八卦方位为序，封闭的堡墙、双重的城门，皆为藏风纳气之考虑。后加修的水门，也是从风水经营出发，为疏通脉气而为。风水术的运用，也有不少科学的内涵。它重视的是选择良好的生态环境，加之有效的地利之优势，使人因借天时在自然万物中获取保障。

（二）布局

砥洎城与一般的自发性传统聚落不同，受防御思想的影响，砥洎城的建设带有很强的目的性与计划性，经过周密的规划，有严格的形制要求。在充分利用地形的基础上进行村落建设，形成了"城墙环绕，南北两口，丁字巷纵横，文昌阁居中"的空间格局。

砥洎城有南、北两个门，从风水角度出发是为了贯通南北脉气，其中南门与陆地相接，方便城内居民的出入，北门从水上可乘船进入沁河。城内路网密集，受防御思想的影响多呈"丁"字形和口袋状，是一个"内聚外斥"的路网格局。砥洎城共分十个街坊，城墙底的环城道路和街坊间的蛛网小巷将城内民居分隔为大大小小的院落。砥洎城内整个路网布局形似迷宫，道路皆为丁字巷，而无十字巷口直穿，这是出于防御与风水的考虑。大小丁字巷又与内环路、环城路巧妙相连，东西内环路和城内丁字路各设一道端巷（俗称袋状路）有进无出。巷道空间曲折多变，处处展示着理性的色彩，显示着"八卦"的神秘，是对外排斥、对内凝聚的路网格局。

（三）用材

砥洎城用材因地制宜，因陋就简，就地选材，独具一格。一是河卵石。城墙内墙下部用料以河卵石为主，大都是沁河上游冲来的，自然和谐。二是坩埚。城墙内墙上部用料以坩埚为主，是砥洎城最有特色的一种材料。三是铁壃。砥洎城城墙建筑中砖、石、坩埚的结合材料是被当地人称作"壃"的一种混合材料，它是石灰和废铁渣的混合物，把石灰和筛选出的直径 10 毫米以下的废渣按比例混合在一起，加水调匀，成堆静止一段时间后，打开砸碎，加水再次调和，再次成堆静止，使其中的游离氧化钙充分反应、稳定，避免施工后崩裂影响工程的质量。其中掺和废渣既有填充作用，又有耐重压、防热胀冷缩的效果，相当于现在水泥和沙的结构。从现有的建筑来看，使用此项工艺建筑的城墙、房屋，历经三百多年还相当的坚固，远比现代的水泥牢固，经历的时间长。

（四）功能

城内建筑有五大功能：一是防御，二是教育，三是居住，四是信仰，五是休闲。

（五）科举

砥洎城内有私塾两座：涵英茁秀、小书房（遗址）。在科举鼎盛的明清两代，城内诞生了五位进士，十七位举人，贡生、秀才更多，其中有著名诗人张晋、张贻谷、王萃元等，书法家张域、王右文等。

张瑃官至陕西巡抚，为砥洎城内官员中官位最高者；张敦仁官至云南盐法道，在历史、文学等方面都有造诣，是清代数学领域成就最大的学者之一；郭璋，官居鸿胪寺鸣赞，掌管皇家礼仪祭祀。

杨朴：明万历丙午年（1606）举人，崇祯年间任北京大兴县知县。返乡后与村中绅士组织村民捐资效力扩建砥洎城。著有《泊静斋文集》。

王崇铭：明天启七年（1627）举人，清顺治年间历任户部郎中、浙江处州（现浙江省丽水市）知府、福建都转盐运使。

张茂生：清康熙年间云、贵两省巡抚。著有《息斋诗文集》《朱子薛子要录》《平阁文抄》等。

张瑃：明崇祯十六年（1643）进士，历任河南原武县知县，四川按察使，清顺治七年（1650）工部右侍郎兼副都御史，陕西巡抚。著有《按属稿》《巡淮抚秦奏疏》。

张齐冲：清康熙六年（1667）进士，历任浙江黄岩、江西浮梁知县。

郭璋：清康熙年鸿胪序班（司引局）。

张敦仁：清乾隆四十年（1775）进士，汉学家、数学家，曾任江西高安、安徽庐陵知县，苏州、松江、江宁、吉安知府。著有《尔雅考图》《辑古算经细草》《求一算术》《开方补记》《资治通鉴补正略》等。

刘湜：清嘉庆十四年（1809）进士，历任河南武安知县，安徽太平、安庆、池州等地知府。著有《广月轩集》。

延彩：清道光二十四年（1844）进士，历任河北永清知县。著有《简斋小草》等。

（六）对联

砥洎城内最吸引人的是春节时每个院门上贴的对联，对联由村里组织乡士编辑书写，如"一堡两门三环水，四梁八柱十街坊""砥洎古镇为华夏增色，润城铁业与历史齐名""赏铁壁铜墙砥洎城，秀风流人物敦仁里""沁河润城镇山清水秀，太岳砥洎城人杰地灵"等，体现出润城悠久的历史和深厚的文化底蕴。

四、文献撷英

传世文献

砥洎城所在润城地处沁河腹地，水绕山环，风光秀美。清康熙二十六年（1687）《阳城县志》"沁渡扁舟图"记载"沁河之渡也，河抱润城。地产铁冶，五方人居，诸贷最委……"，古镇"四山围固，三水萦流"。东依翠眉山，西南临烟霞山，西望天坛山，东北临紫台岭，形胜极佳。沁河古道自北向南流过，滋养生息，翠眉、紫台之间有樊溪（东河），最终汇入沁河古道。峪沟从古镇南面流入沁河，韵致极佳，古有"三山两水一孔桥"的美景。众山环抱的环境，经年长流的河水和温润适宜的气候，为古镇居民的生活和发展提供了优越的物质基础，孕育出独具特色的经济与文化。

砥洎城之名源于绕城而过的沁河。"沁水"古称"洎水",《水经注》中记载:"沁水即洎水也,或言出谷远县羊头山世靡谷。三源奇注,径泻一隍,又南会三水,历落出左右近溪,参差翼注之也。"城堡建于"洎水"之中的大砥石上,三面环水,南依润城镇,远望恰如砥柱,故名"砥洎城"。整个城池东北高西南低,坐阳朝阴,城内院落皆按八卦方位为序,朝向充分考虑地势与风水因素。宅院方位一般分为干主坤门、震主干门、离主干门等形式。例如,简静居为离主干门、小八宅为干主坤门、有恒居则为震主干门。封闭的堡墙、双重的城门皆含有藏风纳气之风水理念。后加修瓮城与水门,亦有风水经营的因素。风水术的运用,有一定的科学内涵,强调了良好人居环境的选择。在严酷的生存环境下,古人运用风水观念,利用自然及地理优势,使得其生产生活有了心理上的慰藉。

清代北音诗人延君寿的诗不仅记录了砥洎城城堡建筑的时代和当时的动乱背景,也曾在诗中描述润城枣糕:

纤纤女手费功夫,雪白花糕别处无;

曾说范全成佛像,不闻面团起浮图。

地当河朔太行连,插筍峰峦敛夕烟;

每见一村筑一堡,可知流寇祸当年。

《山城一览图》碑

存于砥洎城文昌阁内,是在砥洎城竣工后,由杨朴之子杨载简作序,于明崇祯十一年(1638)绘制完成。该碑碣长91厘米,宽54厘米,厚25厘米。全图为砥洎城平面规划图,详细标出了砥洎城内道路、炮台、水井、院落、房屋占地等情况,院落以八卦方位编号,院落占地精确到毛。该碑碣是我国最早的古堡规划记录,是研究古代堡寨营建的珍贵资料。其精确标出的院落面积,如"干十六号计地三分二厘五毛""震一号计地四分八厘二毛",是"计亩敛直"的地亩依据,为砥洎城内的居住使用权提供了公平公开的依据,是乡村自治制度的体现。

明天顺三年(1459)土地庙碑

镶嵌于三清庙四神殿西山墙外墙内。记载了早在明景泰六年之前已有土地庙,及土地庙迁建补塑神像之事。碑文节录如下:

……本贯耆老张大用等,循庙烧香,众目而言曰:古祠壁瓦零落,地基不固。于景泰六年(1455)春二月二十五日移之于东,重修三楹,补塑神像一堂,置立龛石,镌之后乎……

《明故承德郎大兴知县贲闻杨公及元配赠安人王氏合葬墓志》

收录于张慎言《洎水斋诗文钞》,记载了修建砥洎城的原因、城址的选择、规划等。铭文如下:

……壬申(1632)、癸酉(1633),经流寇之变,杀掠殊惨。(润城)里西北偏高阜,三面临河,公相度高下,量方广得若干亩,计亩敛直费数十金,筑砥洎城,屹然金汤,此不朽之功也……

明万历二十一年(1593)《重修东岳庙记》碑

镶嵌于东岳庙天齐殿前檐东次间槛墙内。记载了润城古名小城。碑文节录如下:

润城镇,古名小城,脉势固固,水绕山环,人聚风秀,今古无宜……

明崇祯十一年《创建关帝庙貌记》碑

立于关帝庙内。该碑文由杨朴撰文。记载了筑城起到了御寇保民的重要作用。碑文节录如下：

……岁壬申，流寇数万骑荼毒诸村落，是镇更惨，残黎泣神。筑城避寇之作矣，告竣后晏然安居……

清康熙三年（1664）修寨效劳执事姓名碑

立于关帝庙山门外前檐西侧。记载了润城村十二坊捐资修建关帝庙的过程。

清康熙十三年（1674）《补修西北城墙碑记》碑

立于关帝庙山门外前檐西侧。碑文节录如下：

……东城第六号砖窑一座，照原定价七折作银十二两二钱五分，卖与杨载简承业……

清康熙二十三年（1684）《重修黑龙庙》碑

立于黑龙庙门外。记载了众人修建黑龙庙的过程。碑文节录如下：

……明壬申、癸酉间，流氛肆虐，朝不保夕，镇人士为避寇锋计，就寨垣而扩大之。维时财力匮乏，神庙仍旧。庚辰岁，醵使松石王先生纠集乡曲，复谋营缮……

清乾隆十九年（1754）《施地碑记》碑

存于三官庙内。碑文节录如下：

砥洎城之有三圣庙以议城事……岁进士候选布政司理问里人张存恭暨男大学生昌基金妆地藏十王圣像施地拾亩坐落老君沟……

清乾隆二十二年（1757）《施房碑记》碑

存于三官庙内。碑文节录如下：

城门口后铺壹所并铺前地基壹段系王禄原业，禄故后由其赘婿李秀承业始□修理今崇德居是也，其房东至郭宅，西至王世凤，南至石姓，北至路秀，于乾隆十五年十月初七日病故，其妻于乾隆二十二年六月二十一日病故，两家并无子姓，王禄之长女嫁王门者，李秀之女与其夫李永年及秀姨兄张□一同议将所□崇德居施于三官庙永远为业……

清乾隆五十五年（1790）《重修砥洎城三圣庙记》碑

镶嵌于三官庙雷神殿南山墙内。记载了三圣庙建于明成化之前，诸镇商贾及本寨绅士居人同心共济补葺殿宇，彩绘神像等。碑文节录如下：

乾隆庚戌之春重修砥洎城三圣庙……庙建之由，则曰莫详，所始其见于碑志者，则在前明成化戊子逮入……

清嘉庆六年（1801）《金妆文公祠神像壁记》碑

镶嵌于文公祠正殿次间檐墙内。碑文节录如下：

文公祠创自建寨之先，香烟鼎盛称古巨迹……

《泊静斋文集序》

……（杨朴）晚退于沁滨之上，作砥洎城保聚，其乡间之众，先大夫每称其能，即管夷吾、晏平仲不足矜焉……

海会寺全景·由西南向东

海会寺 / *HAIHUI SI*

一、遗产概况

海会寺初名郭峪院，又名龙泉寺、龙泉禅院。位于山西省晋城市阳城县城东北 15 公里大桥村西，为阳城县境内主要寺院之一。海会寺是一座唐宋帝王两赐名额的千年古刹。该寺坐北朝南，占地面积 2.48 万平方米。海会寺由东西两组院落组成。西院中轴线上由南向北依次为山门、天王殿、药王殿、毗卢阁、大雄宝殿（明），两侧布有钟鼓楼、十王殿、卧佛殿、观音殿、文武圣君殿等；东南为塔院，建有宋塔、明塔各一座，塔后为海会别院。2006 年 5 月 25 日被国务院公布为第六批全国重点文物保护单位。

海会寺具体创建年代不详，据寺内碑文记载"唐初就住有僧人"，建寺年代当在此之前。王朝雍曾在《游海会寺》中有"山河连赵魏，宫殿肇隋唐"之句。有关山西佛教研究资料表明，佛教传入阳城的时间为北齐，海会寺这样风景秀丽的幽僻之处，应是僧侣的首选之地，据此分析判断，海会寺的创建年代最迟应在隋朝。据寺内碑文记载："唐乾宁元年（894），西蜀僧顺慜东游栖居于此，增建殿宇，扩大规模，并向朝廷申请院额，因寺内有龙泉，唐昭宗赐额'龙泉禅院'。"也证实了晋东南佛教传播甚早的历史事实。后周广顺二年（952），寺僧建慜公塔以纪念顺慜大师。宋太平兴国七年（982），太宗赐名"海会寺"。

01　海会寺全景（由西向东）

（一）扩建阶段

金大定十年（1170），重修法堂、僧堂等。

金大定二十七年（1187），重修庙宇，并更名"海会寺"。

明宣德八年（1433），妆塑正殿佛像七尊。

明正统十年（1445），建水陆殿、方丈室、库房等建筑。

明景泰二年（1451），建僧房二百余间。

（二）定型时期

明天顺二年（1458），建天王殿、地藏殿和伽蓝殿；天顺七年（1463），建东西书廊四十间。

明成化七年（1471），建正殿、藏经阁、西廊、千佛阁、山门等；次年（1472）重修毗卢阁，建左右门楼；十九年（1483），建牌楼，并修整殿宇，彩绘神像。

明嘉靖十九年（1540），重修正殿。

明嘉靖四十四年至隆庆六年（1565—1572），建如来塔，并于塔之北建佛殿、角殿、东西护法殿、李公祠、僧舍等，另建过殿、门楼及钟鼓楼。

（三）沿用及维修时期

明隆庆三年（1569），新修龙泉寺池。

明万历十年（1582），重修毗卢阁、伽蓝殿、水陆殿，并将水陆殿扩为七间，铸铜佛、菩萨像等；二十一年（1593），修补佛殿月台；二十四年（1596），创建斋堂并补修围墙；四十年（1612），重修官庭。

明崇祯三年（1630），重修西方殿；九年（1636），补修库房、罗汉殿、山门、官庭、南房等。

清顺治七年（1650），重修塔院；十二年（1655），重修塔。

清康熙三十八年（1699），重修水陆殿；四十一年（1702），补饰殿阁。

清乾隆三十四年（1769），重修海会寺塔院。

清嘉庆二十三年（1818），修药师佛殿。

清咸丰八年（1858），重塑药师殿佛像，重绘大雄殿两廊彩画。

清光绪九年（1883），维修水陆殿，补修毗卢阁；十三年（1887），补修毗卢阁、药师殿及祠堂。

民国十九年（1930），沁樊高小在此办学。

民国二十九年（1940），日军盘踞阳城后，曾炮轰琉璃塔，击毁塔第十层平台围栏一角。

民国三十四年（1945），冀南银行造纸厂占用海会寺。

（四）破坏及保护时期

1959年，阳城师范和阳城二中先后在此办学，为建操场和学生宿舍，拆毁山门、天王殿、药师殿、毗卢阁、大佛殿、钟鼓楼，各殿内塑像随之被毁。

1965年5月，山西省人民政府公布海会寺为省级文物保护单位。

1986年，阳城二中搬离海会寺。

2001~2003年，大桥村村民委员集资维修、复建、扩建海会寺。

2006 年 5 月 25 日，海会寺作为明清古建筑，被国务院批准列入第六批全国重点文物保护单位名单。

2013—2014 年，实施海会寺环境整治工程，主要工程有路面铺砌 1890 平方米，挡土墙砌筑 300 立方米，环境绿化 7198 平方米，新建停车场 3500 平方米，并实施了给排水、电气、消防、安防等工程以及避雷设施等。

2015 年，对明琉璃塔、塔院、接官亭进行维修，对宋砖塔进行倾斜监测。

海会寺在历史上有三次修缮高峰。五代后汉天福二年（937）的《龙泉禅院田土壁记》中公布了海会寺的田产四至，宋代太平兴国七年（982）中书门下牒，将"龙泉禅院"敕赐改为"海会寺"，到金代大定二十五年（1185）海会寺初具规模，并"特易小而成大，广其制度增其基址。重修法堂五间，更于次下创建法堂五间、西夹院子屋六间，又于正殿后重葺厨屋前后共十间，库无五间，僧堂五间"，即现存的东轴线部分，是海会寺发展历史中第一次修缮高峰。西轴线塔院部分还未建成，仅存宋塔一座。

明成化七年（1471）至成化十五年（1479）为历史上第二次修缮高潮，"首建正殿，继列西廊，殿之后建藏经阁，殿之前建千佛阁，阁之前增立碑亭，亭之前竖以山门，门之左右线以垣墙"。

明嘉靖四十四年（1565）至隆庆元年（1568），三年新建了琉璃塔以及塔前后建筑，即现存塔院规模。换句话说，海会寺塔院，又名海会别院，创建于明代成化年间。根据《龙泉寺重修宝塔佛殿记》记载，

02　山门正立面俯视

当时新建一塔的原因为宋塔"势渐倾敬，或不可久"。由此可知，明成化七年（1471），宋塔已经倾斜，并有坍塌趋势。清乾隆四十五年（1780）是海会寺历史上的第三次修缮高潮。

03 山门立面

二、建筑特点

　　2025 年，海会寺被山西省旅游景区质量等级评定委员会评定为国家 3A 级景区。海会寺内有金、元、明、清时期的佛殿，佛殿中轴线东西侧有两处古典园林区，充分利用龙泉水为潭，为池，为沼，为湖，为瀑，为流觞曲水，为黄河九湾，使寺院灵气大增。

　　海会龙湫是"阳城八景"之一。泉水从地下涌出，由一石雕龙头泻入十角池中，"夏寒凝冰，冬温若沸，比镜莹澈，同醴甘香"。池水潜出，流入寺中的澄沼方塘，塘中锦鳞佳鱼，追逐嬉戏，似与游者相乐。

　　塘水经九曲回环的水渠流到下院，在这里构成又一诱人景观，古称"九曲流觞"。游人可约亲朋好友于此处饮酒赋诗，抒发豪情雅兴。登塔游寺，兴犹未尽，围坐九曲渠边，置杯水中，顺流飘荡，杯停在谁的面前，谁就饮酒吟诗。亲朋围饮，酒助诗兴，其乐融融。

04　药王殿立面

05 天王殿侧立面

06 毗卢阁背立面

07　鼓楼立面

08　连心桥立面

09 卧佛殿正立面

10 观音殿立面

11 伽蓝殿正立面

12 地藏殿立面

13 东廊房立面

14 西廊房立面

　　大雄宝殿重建于明成化十五年（1479），面阔五间，进深四间，五踩重昂斗栱，巍峨壮观，富丽堂皇。硕大的荆木梁柱，至今不腐。殿额为明代天下第一清官佥都御史杨继宗亲笔书写，字迹浑厚遒劲，凝聚了千钧之力。殿内三尊大佛高约5米，造型生动，神态安详。

15　大雄宝殿正立面

16　大雄宝殿脊刹

17　大雄宝殿正吻

18　大雄宝殿斗栱

19　大雄宝殿碑刻碑首

20　大雄宝殿柱础

21　进士堂山门

22　进士堂山门（舞楼）正立面

23　进士堂西配楼

24　进士堂正房

25　进士堂柱础

26　进士堂柱础

海会别院曾是明代户部、吏部尚书、书法家张慎言读书讲学的地方。当年张慎言和他的学生在此栽种了一片松树，并特意写了一篇《海会别院种松铭》。阳城明清两代的名宦大都在这里读过书，如明代对"万历中兴"起过积极作用的吏部天官王国光，清初刑部尚书白胤谦，康熙时的文渊阁大学士、《康熙字典》《佩文韵府》的总阅官陈廷敬等。

27　书院正房

28　书院西配房

29　书院照壁

30　书院照壁

31　书院照壁

32　书院山门石刻

海会寺

海会寺塔院为两进院落,院内矗立着海会寺的标志性建筑"海会双塔"。高者为明嘉靖四十四年(1565)邑人李思孝增造,八角十三级。低者原为敏公和尚墓塔,建于后梁,六角十级。塔周有殿宇多座,为明清时代建筑。殿小塔大,且一寺双塔是此寺特点。

琉璃塔是明嘉靖四十四年(1565)年仿照西湖南面月轮山的六和塔建造的。此塔为八角十三级楼阁式砖塔,砂石台基,通高37米。明嘉靖四十年(1561)年功德主李思孝捐建。塔的各层都设有内室,在内室之外厚厚的塔壁中辟有螺旋形通道,通道中有砖砌台阶,盘旋而上可直达塔顶。塔外观为八角形,层层向上递减,各层斗栱、重檐和塔身三者之间,在尺度投影设计上非常适度。每层檐角设有铁铃,每当微风吹拂,能听到悦耳的声响,这些都是仿西湖六和塔之处。但此塔在仿造的同时又有创新,第十层支出平座上置八根擎檐柱,并于此层重点使用琉璃,成为高塔中的一层楼阁。塔身各面原亦有坐佛龛洞,可能是仿同寺内宋塔的形式。在重要局部亦施用琉璃,色彩鲜明。此塔造型为上党明塔之冠。塔之各檐施斗栱,俱不相同,如仰观升、斗、梁、枋椽、飞瓦、铎,琳琅满目。

砖塔创建于后梁龙德二年(922),距今已有一千多年的历史。塔身为六边形,十层,檐作叠涩式。底层每边长2.76米,总高25.08米。塔内空阔,每层交叉辟有洞门。塔身各面叠涩出檐都相同,塔身外壁各面现存小洞是嵌小坐佛的残迹(小坐佛今已佚,仅留空洞),因此又称千佛塔。

33 海会双塔近景

据后周广顺二年（952），泽州阳城县龙泉禅院碑记称："懬公著名律学为众推重，住持轨则，依禀宗师，历四十年终始若一。至唐天佑十九年七月五日，顺寂于本院，建塔于院之右。"顺懬禅师是本寺的创始人，是在四川东部惠义讲经说法地执行法纪的和尚，他游历到此，在这里开门建寺，弘扬佛法，苦心经营40余年。刚来的时候，庙宇凋敝败落，长满荒草荆棘，狐狸出没其间，顺懬禅师"披荆榛而通过路，掇薇蕨以事晨飧"，在他的感召下，逐渐聚集了一批僧人参加建设。古碑记载"皈依者如蚁慕，唱和者若蝉联"，慕名而来的皈依者如蚂蚁一样络绎不绝，诵经念佛的声音像蝉鸣一样绵延不断。经过多方努力筹措，终于把毁坏的庙宇重建起来，连同新增添建筑共修建七十余间房屋，使佛事活动得以持续。后梁龙德二年（922）七月五日，顺懬禅师圆寂。弟子们无不感念他的功德，决心修塔以示纪念，这座塔是顺懬禅师的舍利塔，亦是功德塔。

34　海会双塔仰视

35　海会琉璃塔抱厦

36　海会琉璃塔抱厦

37　海会琉璃塔前影壁

三、价值特色

（一）历史价值

海会寺是隋唐时期晋东南地区的佛教遗存之一，证实了晋东南地区佛教传播甚早的历史。唐昭宗赐寺额"龙泉禅院"，宋太宗赐寺额"海会寺"，体现了唐、宋两代海会寺地位重要的史实。海会寺保持了早期佛寺的布局特征，现存建筑是历史上自然力和多次人工干预的结果，展现了文物自身发展变化的轨迹，是山西佛寺发展研究不可或缺的实例。宋治平二年（1065），北宋哲学家、教育家程颢在晋城担任县令期间，坚持以"教化为主"，兴办乡学，创建程颢书院。在其带动下，包括海会书院在内的一大批书院随之建立，明清时达到鼎盛，海会书院为当时之翘楚。

寺内现存五代至清代的碑碣二百余通，碑碣分为记事和咏怀两部分，记事碑碣的内容涉及创建、兴建、扩建、维修、地界、寺产、告示等内容，记述了海会寺的变迁兴衰。咏怀碑碣为金、元、明、清四个朝代的官宦名人、文人骚客有感于海会寺山水之胜而咏怀的诗歌，体现了海会寺自创建以来的发展历史、文化内涵，对考证海会寺历史有重要参考价值，是研究海会寺发展历史和历史环境的珍贵文献资料。

（二）艺术价值

海会寺背靠寺岭山，面临樊溪河，毗邻中国历史文化名村郭峪村和皇城村，以其自身独特的景观融入其中，共同构成一处规模庞大、极具观赏价值的自然和人文景观区域。海会寺庙拥有完整的院落，高耸的双塔，宏伟的建筑，潺潺的泉水，形成了集空间、造型、装饰和形式美于一体的景观风貌。海会寺在寺庙格局、空间组合、建筑造型、细部装饰等方面，体现了建造时期山西阳城地区的建筑风格特征与审美情趣，具有较高的审美价值。在平面布局上，将对称式与非对称式布局相结合，既突显了中轴线的主尊地位，又巧妙利用地形营造出灵活自由的园林环境。在空间上，通过不同体量和形式的建筑以及不同类别和视觉的景观要素的排列组合，形成自然与天人合一、佛教需求与审美情趣相互结合、与山呼应、与水一体的景观格局，构建出赏心悦目的空间景观效果。

（三）文化价值

明清时期的海会寺书院是阳城地区最辉煌的书院，培养出一位大学士、三位尚书、几十名进士、几百名举人，使沁河两岸呈现出文人鼎盛的气象，体现了千余年传承与创新而形成的独具特色的文化教育价值取向。海会书院曾培育出诸如文渊阁大学士陈廷敬、文华殿大学士田从典、著名数学家张敦仁以及其他一批清官廉吏，体现了知识追求的学术精神，是延续中华文脉的圣地，使阳城与陕西韩城、安徽桐城成为清康熙、雍正年间（1662—1735）的三大文化名城，文化内涵极为丰富。

寺内现存金、元、明、清时期的诗词百余首，如元好问的《宿海会寺》、李翰的《游海会寺诗并序》、王国光的《再游龙泉》、张慎言的《龙泉寺独夜听泉》、陈廷敬的《过海会院》、田从典的《龙泉寺》等是对海会寺自然和人文景观风貌的真实赞颂。田从典撰写的《龙泉寺》中有"古寺埋云树，遥瞻塔影微。溪喧珠迸落，花灿锦重围"，清代阳城润城籍诗人杨伯朋撰有"四周山色映周遭，海会禅林景独超，九曲龙泉环翠竹，双排雁塔上青宵"，均赞美了海会寺的绝美风光。

（四）科学价值

海会寺依山傍水，呈现与自然环境融为一体的空间格局，是研究沁河流域庙宇的典型范例之一。在布局上，海会寺因地制宜、随形就势，不拘泥成规，营造出灵活自由、丰富多姿的空间景观，显示了建造者科学驾驭地域特征的能力。

四、文献撷英

现存于寺内碑廊最早的五代后周广顺二年（952）《大周泽州阳城县龙泉禅院记》碑载：……时郡牧陇西公果俞革故之谋，由俾建即新之号，因飞笺奏，遂降敕文，额为龙泉禅院矣。时唐乾宁元年十月二十五日（894）也。……至唐天佑十九年七月五日顺寂于本院，建塔与院之右。……

后汉天福二年（937）的《龙泉禅院田土壁记》中公布了海会寺的田产四至，载有：寺后地一所，东至建长堰，南自至，西至曹山水沟，北至古道堰，东北至沙坡，西北至卧牛洼……

金大定二十五年（1185）的《海会寺重修法堂记》载：……故以更新，特易小而成大，广其制度增其基址。重修法堂五间，更于次下创建法堂五间、西夹院子屋六间，又于正殿后重葺厨屋前后共十间，库无五间，僧堂五间。梁栋采于他山，……

明成化十五年（1479）阳城知县陈宽撰写的《重修龙泉寺记》碑载：县治东越三十里许，有寺曰龙泉。按志，创自乾宁元年，历宋元至我朝，兴圮埋废，代不无人。……首建正殿，继列西廊，殿之后建藏经阁，殿之前建千佛阁，阁之前增立碑亭，亭之前竖以山门，门之左右缭以垣墙。……始于成化辛卯（成化七年，1471）秋，落成于己亥春（成化十五年，1479）。……

清乾隆四十五年（1780）南昌、江宁知府张敦仁撰文的《重修海会寺塔院记》碑载：阳城东三十里曰海会寺，……历年既久，院宇倾修，桷圮瓦腐，像设露处。……于是鸠工庀材，旧无者创之，异弊者葺之，赤白之漫漶默口者丹垩而金壁之，斋寮庖寝宾之堂无不具备，而塔于是乎一新。……始于乾隆三十四年（1769）二月，落成于乾隆四十五年（1780）七月，……

郭峪村古建筑群

郭峪村古建筑群全景 · 由南向北

郭峪村古建筑群 / *GUOYU CUN GU JIANZHU QUN*

一、遗产概况

郭峪村古建筑群隶属于阳城县东北约 20 公里处的北留镇郭峪村，占地面积约 17.9 万平方米，是沁河古堡中面积最大的一处，与"清代北方第一文化巨族"之宅——陈廷敬故居遥遥对望，现仍有保存完好的明清时期民居 40 院。2006 年 5 月 25 日，被国务院公布为第六批全国重点文物保护单位。2007 年，郭峪村被公布为中国历史文化名村，中国古建专家罗哲文先生曾赞曰："中国民居之瑰宝，雉堞高城郭峪村"。

山环为郭，水出通川为峪。郭峪村古建筑群地处樊溪河中游最宽处，山环水绕，东有苍龙岭，西有敖凤山，北有摩天岭，南有金裹谷，地理位置极佳。关于郭峪村最早的记载，见于《龙泉寺禅院记》："……东邻郭社之末，前据金谷之垠。既名额以来标，称郭谷而斯久。"由此可以推断，至少在唐乾宁元年 (894)，名为"郭谷"的村落已经形成。

唐代建置，明代筑城寨。明代初期，政府推行"开中制"此后，随着盐铁经营权民营制度的实行以及政府对匠户控制的放松，郭峪凭借丰富的煤铁资源和得天独厚的地理条件，迅速发展成沁河流域樊溪河畔的一座大镇。至明朝末年，以科第仕宦的陈氏家族、张家及豪商巨贾王家三大家族为代表，郭峪发展为富甲一方的大镇。村富且居战略要地，郭峪自然成了明末农民起义军猎取的重要对象。据勒石于明崇祯十三年 (1640) 正月、现存于郭峪城中豫楼五层西墙的《焕宇变中自记》记载，从明崇祯五年 (1632) 七月十五日到崇祯六年 (1633) 四月十六日，郭峪村先后四次遭乱军洗劫。

崇祯四年四月间，王嘉胤在平阳府 (今山西省临汾市) 起兵作乱，被官兵追剿至山西沁河流域。王嘉胤率领乱军一路烧杀抢掠，途经窦庄、坪上，所到之处如蝗虫过境，手段之残忍骇人听闻。窦庄得益于明天启三年 (1623) 修筑的堡寨，免遭洗劫，但坪上村未能幸免。受窦庄成功御敌的启发，周围村庄纷纷加固城墙，修筑堡寨，例如陈氏家族于崇祯五年在中道庄修筑河山楼用以御敌。但郭峪因村子过大、人心不齐、思想懈怠等原因，未修筑任何防御工事，为此付出了惨痛代价，惨遭四次血洗。崇祯四年 (1631) 十一月，山陕地区遭遇罕见低温天气，"天雪大降，深有丈余，野兽山禽死其大半，檐前冰锤垂地，黄河冰冻最坚"。陕西连续七年荒旱，农民揭竿而起，聚集乱民数千流窜于黄河流域。农民军于崇祯五年七月十五日、十月初八日，崇祯六年四月十六及之后几日四次洗劫郭峪村，村民虽想尽办法自救，"以吾村坚锐拒敌……各家攒钱造地洞数眼，皆由井口出入，观者以为极妙"，奋起反抗，但仍不敌，郭峪百姓遭遇灭顶之灾，十分凄惨。乱军手段残忍，惨无人道："……将人百法苦拷，刀砍斧劈，损人耳目，断人手足，烧人皮肤，弓弦夹腿，火池油烹，残刻不可胜言也。尔时天雨五日，惨害不堪，男妇老幼，叫哭连天。二十日稍晴，贼方起营。合村之人，寻父叫母，唤子呼孙，嚎啕动地，悲声彻天。且尸骸满地，绝死数家，即有苟存性命者，半多残躯。经查，杀伤、烧死、缢梁、投井、饿死小口计有千余，并伤他村逃难之人不知名姓者亦无数也。金银珠玉、骡马服饰，罄抢一空；猪羊牛只，蚕食已尽；家家户户无一物所存，无一物不毁……贼于四月十六日，复至吾村。初不知人之去向，以为奇异。及搜见一三人，百般拷打，一一引至洞口。贼尚不敢擅入，先用布裹干草，内加硫磺，人言藏火于内，用绳悬在井口中，毒气熏入洞内，人以中毒，不觉昏迷气绝。余家人数人，幸在地洞风眼处，得透风气，免害。北门外井洞计伤八十余口，馆后井洞计伤数十人，崖上井洞计伤数十人，并吾村之藏于炭窑矿洞者共伤三百余人，苦绝者数家。贼觉人死，人洞细搜，一物不留……此时贼在吾村住宿，四日中杀死、熏死尸骸满地，天气炎热，臭气难堪。即有一二未受害者，天降瘟症，不拘男女大小，十伤八九。"四度遭劫，死伤惨重，郭峪百姓如惊弓之鸟，"地可避，每日惊慌，昼不敢入户造饭，腰悬米食；夜不敢解衣歇卧，头枕干粮。观山望火，无一刻安然。稍便者，避州城、县城、周村、苇町；贫寒者，为农事所羁，宿山卧岭，闻风惊走"。

历经战乱，郭峪千疮百孔、民不聊生。修筑防御工事，使百姓免受战乱侵扰，捍卫郭峪百姓的生命财产安全，迫在眉睫、刻不容缓。在从郭峪村走出的乡官、顺天巡抚张云鹏的倡议下，郭峪村民有财者输财，有力者出力。由郭峪村社首、豪商巨贾王重新主持，郭峪村于崇祯八年正月十七日开工修城筑城墙，十月竣工，共建有东、北、西三座堡门，此外还建有高、低两座水门。郭峪百姓终得一夕安寝。然而，人祸虽已不足为惧，但天灾又骤至。"至崇祯十二年六月间，飞蝗灾起，自东南而来，遮云蔽日，食害田苗者几半。蝗飞北去，未几而蛹虫复作，阴黑匝地者尺许。穷山延谷，以至家室房闱间，无所不到。谷豆禾黍等食无遗草。秋至明年三月尽，雨雪全无，怪风时作，桑蕊、菜苗皆以霜毙。且虫有如人形者，头尾有丝，结于树枝，虫有如跳蚤者，嚼食菜根。米价至三千五百仅获一石。以故民有饥色，野有饿殍，夫弃其妻，母遗其子，榆皮桑叶等类皆刮而食之，如人相食者，问亦有焉。"为完善郭峪古城瞭望设施，解救饥民于水火之中，王重新独资，于崇祯十三年（1640）闰正月十五日起修豫楼，以工代赈养育数万饥民，保一方安定。

至此，郭峪村古建筑群基本格局形成。现郭峪古村建筑群主要分布在郭峪古堡、侍郎寨、黑沙坡三地，其中以郭峪古堡最为集中。

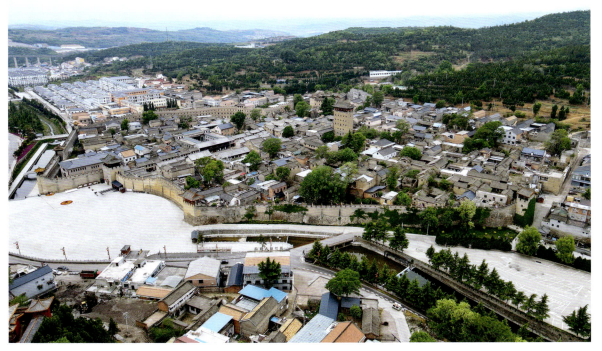

01 郭峪村古建筑群（由东南向西北）

二、建筑特点

郭峪古堡是晋城古堡中面积最大的一座，城内布局严谨、脉络清晰。城墙保存较为完整，城中建筑各具特色，官宅豪华、民居典雅、古庙森严。现存明清古建八十多院，各式房屋二千余间，其中最具代表性的有：始建于元至正年间（1341—1368）的汤帝庙，为全国村落庙宇中少见的九开间建筑形式；制高点豫楼，战乱年间可容纳千余人避难；长达 1400 米的明代古城墙，因内侧建有三层密密麻麻共627.5 眼藏兵洞，故称"蜂窝城"；皇城陈氏家族九世祖居"西都世泽""老狮院"；"科第世家""连升三级"的张好古故居"小狮院"；"兵垣都谏""祖孙兄弟科甲"的张家七宅；豪商巨贾王重新叔侄的王家十三院等。这些建筑大体可以分为三类：防御性建筑、宗教性建筑、民居。

防御性是晋城古堡最突出的一个特点，郭峪亦然。郭峪古堡的防御性建筑主要包括防守与屯兵功能并举的窑洞式城墙、制高点豫楼以及三条沟通城内外的地道。

郭峪城墙建于明崇祯八年（1635）正月十七日，据《郭谷修城碑记》记载："计城工始于崇祯八年正月十七日，告成于崇祯八年十一月十五日。内外俱用砖石垒砌，计高三丈六尺，计阔一丈六尺，周围合计四百二十丈，列垛四百五十，辟门有三，城楼十三座，窝铺十八座，筑窑五百五十六座，望之屹然于城之壮也。"城墙高约 12 米，宽约 5 米，总长约 1400 米。城楼原有十三座，敌楼十八座，建有三座大门，分别为东门景阳门（敬仰光明）、西门永安门、北门拱辰门（群星拱北），还有两个水门用于防洪，分别为西水门观澜门、东水门金汤门（金城汤池）。西门面临庄岭，为防敌人从背后高地偷袭，古堡建成后，于清顺治十一年（1654）在西门外修建了瓮城。瓮城门开在侧面，便于守军在大城和瓮城上两个方向抵御来攻之敌。瓮城门额是陈廷敬伯父陈昌言所题"来爽"，意为"东来紫气西来爽"。

郭峪城墙的独特之处在于窑洞与城墙结合的建筑方式。整个城墙外部与其他古堡并无太大差异，但走进城门回望，城墙内部整齐排列着大大小小 609.5 眼砖窑。砖窑上下共有三层，最底层砖窑最大，进深 5 米左右，二、三层在城内一侧分别留出宽约一米的过道，进深递减。这样的结构是由建造城墙的特殊历史背景所决定的，窑洞式城墙既可以节省大量的人力物力投入，缩短工期，又可以为遭遇洗劫家毁人亡、颠沛流离的村民提供居所，战时还可以转化为指挥作战屯兵之所，是郭峪人智慧的结晶，郭峪古堡因此也被当地人形象地称为"蜂窝城"。据镶嵌在郭峪汤帝庙西门洞西墙上的《城窑公约》碑记载：

首事者当筑城时，相其城宜增以窑座，一半于居，一半于守。窑凡三层，共计陆百零玖眼半。积其所入之租，佐修葺守门等费……

——东面大窑共肆拾捌号计柒拾柒眼半；中窑共叁拾柒号计伍拾捌眼半。

——西面大窑共肆拾肆号计陆拾眼半；中窑共叁拾柒号计柒拾肆眼；内除上王家自修贰眼，俱坐落西城北角；小窑共伍拾伍号计捌拾伍眼；内除上王家自修贰眼，俱坐落西城北角；

——南面大窑共肆拾号计柒拾陆眼半；中窑共叁拾叁号计陆拾柒眼；小窑共壹拾柒号计叁拾贰眼半。

——北面大窑共叁拾肆号计肆拾伍眼；内除上王家自修染眼，俱坐落北城西角；中窑共壹拾伍号计贰拾叁眼；内除上王家自修柒眼，俱坐落北城西角；小窑共肆号计拾眼。

——租有定额，大窑每眼银伍钱，放草加银壹钱。中窑每眼银叁钱。小窑每眼银壹钱。其中有大者量增，小者量减。

——租银按四季交完，如过季不完者即令移去；有倚强不去者罚银贰两……

东城墙共修筑窑洞 136 眼（大窑 77.5 眼、中窑 58.5 眼），西城墙窑洞共计 219.5 眼（大窑 60.5 眼、中窑 74 眼、小窑 85 眼），南城墙有窑洞 176 眼（大窑 76.5 眼、中窑 67 眼、小窑 32.5 眼），北城墙窑洞相对较少，共计 78 眼（大窑 45 眼、中窑 23 眼、小窑 10 眼）。

郭峪村对城窑的使用设立了明确的公约，城窑除管理维护人员公用外，其余对外出租，按窑洞面积大小给付租金，每季收取一次，租金用于维持城墙日常运行维护；窑洞仅允许租户本人住人放物，不允许喂牲口、堆放易燃物品等。明确的使用公约是郭峪古城墙屹立至今的一个重要保障，郭峪村"敦礼义、安耕凿"的淳朴民风可见一斑。

02 景阳楼侧立面

03 郭峪古城题记

04　城墙内墙立面

05　城墙内墙立面

豫楼是郭峪古堡的制高点，城中重要的瞭望设施，是郭峪几经战乱，又遭蝗灾旱灾的情况下以工代赈修建的防御工事，由本村首富王重新在明崇祯十三年（1640）独资修建。"豫"取自《周易》"豫"卦的卦义"豫则立，不豫则废"，含义有三：一是"备豫"，即知变应交，事先要有应变的准备；二是"顺以动"，即顺应民情，动不违众；三是"逸豫"，即有所备则安逸和乐。该楼高33米，面阔五间15米，进深7.5米，共七层，战时可容纳千人，唯一的大门设在二层东墙。豫楼采用内收方工艺，底层为半地下层，墙基及墙体采用大块石材砌筑，从第二层往上用青砖，墙体厚2米，以上每递高一层，墙内侧退0.15米，以便搁置楼板，直至第七层，墙厚0.8米，楼外墙体始终保持四角垂直，四墙平展。二层的结构为五孔砖窑，正中的窑洞为门洞，大门宽仅120厘米，设两道门，外门为石板扇，可防火攻；内门为木板门，有铁销栓杠。西面墙上有菩萨阁，门洞两侧各为一组两进式窑洞，外间可住守门的卫士，里间是储藏粮食、蔬菜、麻脂等生活用品的库房。三至六层为平层，第七层为顶层，四周有34个砖堞，砖堞两边棱角砌成斜面，利于保卫者隐蔽瞭望。砖堞上有木梁枋，以斗栱承托歇山式屋顶。四角高翘，挂有铁钟，山风吹来，叮当作响。四周墙角有一些形状各异的大石块，那是古人守楼的武器，是三百多年前战争的遗物。

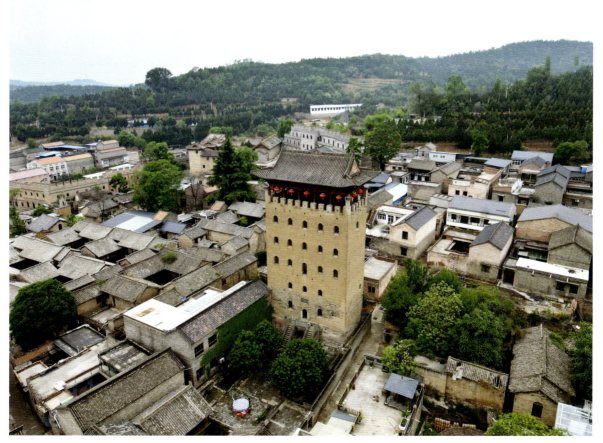

06　豫楼（由东南向西北）

　　豫楼底层安放炉灶、石碾、石磨，同时挖有水井，井深 20 米，引地脉水入豫楼底，战时可以满足上千口人的生活用水。值得一提的是，豫楼在底层西北角和三楼东北角创造性地设置了两个厕所，将厕所置于墙体之中，一条垂直的砖道直通隐蔽在墙基外地下的茅坑，解决了楼内人的"燃眉之急"。当战争来临之时，村民自二层放软梯进入豫楼内，楼门一关，便可以在其内安然度日。

　　郭峪古堡的最后一道防线，隐藏在豫楼下的地道内。古时楼下地道有三条，分别通往西门、北门和首富王重新家的后花园。今天郭峪古堡对外开放的是修缮后的通往王家的地道，全长近 300 米，地道窄小幽深，仅能容纳一人单向通行，战时可以转移人口，保全族人。

07　豫楼鸟瞰图

08 王家商铺东配楼

09 王家商铺倒座

10 王家商铺西配楼

11 豫楼石碾

12 豫楼地下通道

13 豫楼水井

宗教建筑

郭峪古堡中的汤帝庙始建于元至正年间（1341—1368），据《郭谷镇重建大庙记》记载："郭谷镇大庙创建于元之至正，修于明之正德。后灾于嘉靖，又修于万历，其补葺者亦时有之。迄今日，乃尽撤其旧而重建焉。"现存汤帝庙建于清顺治九年（1653），是郭峪村的社庙，又称"大庙"，位于村西南角，是郭峪古城的最高点。

整座庙坐北朝南、西高东低，东面正门整体高于地面 2 米多。沿两侧楼梯拾级而上便是庙门，门上挂匾额"汤帝庙"，上书"大清清顺治九年五月十三日创修"，正面开三门，正门宽 2 米，东西两侧分别为"崇善门""广福门"，宽 1.2 米。进入正门后，便是汤帝庙的下院，下院主要建筑遗存为元代戏楼，戏楼面阔 5 米，进深 5.6 米，台面距地面高 4.5 米，歇山顶，斗栱层层挑出，翼角高翘，壮观绚丽，戏楼左右各有一间小厦，是旧时唱戏的乐台，再往外便是钟鼓楼。下院东西两侧建有两层五间木楼，有前廊，下层供守庙人及宾客住宿，上层供看戏使用。上院比下院高出 2.8 米，建有九间通脊的正殿，高 9 米，进深 6 米，宏伟高大。九开间大殿并不连通，而是每隔三间供奉一尊主神。正中三间为成汤殿，供奉成汤帝；西三间为关圣殿，供奉关公；东三间为昭惠殿，供奉二郎神。正殿的东西两厢，有偏殿各三间，西偏殿为高禖殿，供奉着高禖神，也就是民间所说的送子娘娘。东偏殿是广禅殿，内供广禅侯。广禅侯原是北宋末年一个民间兽医常顺，因医术高明，为乡民医牛治马，手到病除，受到百姓的敬仰。后因为抗金将士医治战马有功，被宋徽宗封为广禅侯。在正殿两侧，还有东西角殿各三间。东角殿为痘神殿，西角殿为山神、土地神合祀殿。

14　汤帝庙（由东南向西北）

15　汤帝庙山门

16　汤帝庙正殿正立面

17　汤帝庙山门（舞楼）背立面

18　汤帝庙东耳殿

19　汤帝庙西看楼

20　汤帝庙东看楼

21　汤帝庙东配殿

22　汤帝庙西配殿

民居

郭峪古堡现存的古民居以四合院为主，主要包括以老狮院、张鹏云故居等为代表的官宅，以王家十三院为代表的商宅等。

老狮院为陈廷敬的父亲陈昌期在清康熙三年（1664）所建，是陈廷敬九世祖居之一。老狮院的木门楼，是郭峪最大最显赫的一座，大门前有七级台阶，层层叠高，门前伫立一大一小两对石狮。牌楼与厢房同高，门宽 3.6 米，牌楼高 9.1 米，牌楼上有三层门额字牌，高度近 2 米，上面刻写着陈氏家族中累代显赫人物的姓名和官职。上一层的字牌为"陕西汉中府西乡县尉陈秀"，第二排记录的是"直隶大名府滑县尉赠户部主事陈珏"，第三排是"嘉靖甲辰科进士中顺大夫陕西按察司副使陈天佑"；中一层为"万历恩选贡士河南开封府荥泽县教谕陈三晋"，第二排是"赠儒林郎浙江道监察御史陈经济"，第三排是"崇祯甲戌科进士儒林郎浙江道监察御史陈昌言"；最下一层字牌为"顺治甲午恩贡生敕封翰林院庶吉士陈昌期"，第二排是"顺治己亥科进士钦授翰林院庶吉士陈元"，第三排是"顺治戊戌科进士钦授翰林内秘书院检讨陈廷敬"。门额之上有两层斗栱，下层前后出两翘，上层前后出四翘。斗栱上承托着牌楼顶。老狮院为棋盘布局，四座小四合院组成一个紧凑的"田"字形住宅群，其中每座院子大小、布局基本一致，每侧前后两院，四院各有门相通，这种布局很像一副棋盘，因此也称"棋盘院"。棋盘院四周方正，外墙高大封闭，一旦遇有紧急情况，可关闭大门躲入宅中。棋盘院的北两院中间有一个很大的过厅，过厅之后是陈廷敬父母的居室。南两院为陈廷敬住所和书房，南院的南侧还有一个小花园。这种高门深宅，房舍内向，外围封闭，四墙高直挺拔，俨然有城堡般强烈的封闭感，正是中国封建社会传统观念的一种体现。

23　老狮院鸟瞰图

小狮院是一座带前院的四合院，院落整体坐西朝东，是明嘉靖癸未进士张好古的十世祖居。门槛石上一对小狮子，头部破损，落地柱为木质，用素面夹杆石固定。额板上有两层字牌，上层是"科第世家"四个大字，下层两行小字，题写了张家三个进士、一个举人的功名和名字。背面也分两层，上层大字是"君恩累锡"；下层小字为"四川按察司佥事张好古，户部广东司郎中张好爵，直隶景州知州张以渐"。进门为前院，院南有一座二层房屋，二门开在院子东南角，西方为正房，两侧均有耳房。小狮院张姓一脉是书香门第、科第世家，前后出了三位进士、五位举人，虽然没有陈家的权重势大，却是郭峪城中最早到京城做官的人家。

郭峪村古建筑群

26　西都世泽正立面

27　西都世泽二进院大门背立面

28　西都世泽二进院正房

30　西都世泽牌匾

29　西都世泽板门

31　西都世泽二进院大门

32　西都世泽二进院东配楼

郭峪村古建筑群

33　西都世泽石狮子

34　西都世泽石狮子

35　西都世泽二进院大门抱鼓石

36　西都世泽石狮子

37　西都世泽石狮子

38　西都世泽二进院大门抱鼓石

39　西都世泽二进院正房斗栱

40　西都世泽二进院正房梁架

41　西都世泽二进院正房柱础

张鹏云故居位于古堡最南边，是曾倡议修建堡寨的顺天等地巡抚张鹏云的宅邸。自西向东共七个院落，包括厨房院、张家大宅、张家二院（厅房院）、书房院、张家三院、张家四院等，以张家大宅保存最为完整。张家大宅修建于明崇祯九年（1636），是一座坐北朝南的两进式四合院，大门为砖石结构，原有雄踞的石狮，高大的牌楼，匾额题字为"大中丞第"，于20世纪被毁坏，现残存须弥座式台基。大门两侧为"八"字形砖雕影壁，影壁正中刻龟背纹，与大门相对的影壁墙也是相同制式。二门为木牌楼式门楼，一间二柱一楼，夹杆石雕刻抱鼓石狮，狮头被毁，门枕石上的狮头也残缺不全。额板上有两层字牌，上书"兵垣都谏"，兵垣，就是兵部，谏有监察的意思，就是说宅主张鹏云曾经是兵部御史的长官，下书"兵科都给事中张鹏云"，这是张鹏云的官职。额板背面也有字，上门额为"兄弟祖孙科甲"，下门额为"兄张庆云中天启丁卯科举人张鹏云中万历己酉科举人丙辰进士孙张尔素中崇祯丙子科举人"。门额两侧落地柱中部置三幅云丁字栱，上承立柱承托平板枋，平板枋上承四攒九踩四翘品字栱，其里外均为九踩，各踩均为翘栱，无昂，里外均衡布列，悬山顶屋面。整座大宅为前厅后楼式格局，前院用作接待客人，由正房和东西厢房组成，均为二层三开间，无倒座房，正房有廊厦，东西两侧有二层耳房，西侧耳房通向后院，后院改建损毁严重。

42 张鹏云故居大门

43 张鹏云故居仪门

44 张鹏云故居仪门牌匾

45 张鹏云故居二进院板门斗栱

46 张鹏云故居二进院牌匾

47 张鹏云故居正房

48 张鹏云故居二进院西配楼

49　张鹏云故居影壁

50　张鹏云故居影壁

51　张鹏云故居仪门石狮子

52　张鹏云故居仪门石狮子

53　张鹏云故居仪门石狮子

54　张鹏云故居仪门石狮子

55　张鹏云故居影壁

郭峪村古建筑群

　　王家十三院当年院院相通，十分壮观。王重新七岁而孤，十四岁即"弃书就贾"，背起父亲"遗橐"，没用几年，就成为远近闻名的富商巨贾。其泰来号，经营遍及天津长芦、山东、山西、南北直隶、两湖江浙，他所贸易的铁货，远销东南亚、欧洲，成为泽潞商人的杰出代表。王家十三院可分为三组，王重新老宅、恩进士院和王重新父母居所。王重新的老宅从建筑规模和格局上看都很普通，这是由他所信奉的儒家思想决定的。虽家财不可计量，却从不挥霍浪费，捐助公益事业、扶困济贫、仗义疏财，非常慷慨。周围百姓中"死不能棺者，病不能医者，婚嫁不能具礼者，赋税不能如期缴纳者"，只要求到他的门上，他都会让来者如愿以偿。他设义冢，办义学，筑桥梁，修道路，建寺观，扩庙宇，但凡公益事业，都尽力捐输。郭峪修汤帝庙，他捐银七百余两；郭峪修城，他捐银六千余两。郭峪城内外当年修建九塔十八庙，有半数以上的银两是他捐献的。可以毫不夸张地说，是王重新从数省集聚来的巨额资本，造就了郭峪雄厚的历史文化遗产。

57　恩进士院大门　　　　　　　　　　　　　58　恩进士院大门背立面

恩进士院是王重新的侄子王维时的住宅，王维时少年而孤，在王重新的扶持下最终与其叔并驾齐驱，并"名标金榜"，成为"恩进士"。这个宅第是三进式院落，由两个并列的主院和一个书房院组成。两座主院建于明崇祯十二年（1639），而主院前的这个牌楼式门面则建于清顺治己亥年（1659），牌楼底部有一对大石鼓，石鼓面上刻有狮子和麒麟，石鼓上还雕有一对鹿，有路路亨通之意。这些石雕，技艺精湛，艺术价值很高。门内影壁上下左右遍饰高雅的砖雕，雕刻福山、寿海、仙桃、白鹤、祥云，有福如东海寿比南山之意，底座的螭、犼、狮、麒麟等瑞兽及两侧边框的松、竹、梅、菊、莲、牡丹等祥物，都活灵活现、栩栩如生。浅雕、深雕、圆雕混用，有很深的文化内涵和鉴赏价值。主宅的东院原是宅主王维时的居所。厅房前设月台，月台前的垂带石阶两侧雕琢精美的石狮、石抱鼓，石阶前用青石铺成甬道，现仅存月台，厅房已毁。月台前的东西厢房，两相对称，均为两层楼房，上下都有檐廊。楼上檐廊，栏板做工精细，栏杆雕饰华美，并刻绘有福禄禧寿等吉祥图案。主宅的西院是王家接待贵宾的客房。

59 恩进士院二进院东配楼

60 恩进士院二进院西配楼

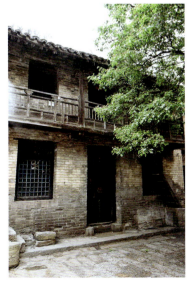

61 恩进士院西配楼

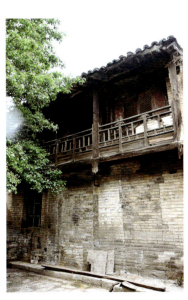

62 恩进士院东配楼

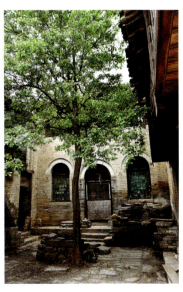

63 恩进士院正房

64　恩进士院大门局部

65　恩进士院大门背立面木雕

66　恩进士院大门背立面牌匾

67　恩进士院抱鼓石（左）

68　恩进士院抱鼓石（右）

69　恩进士院石刻

70　恩进士院荷叶墩

72　恩进士院影壁正面局部

郭峪村古建筑群

三、价值特色

郭峪古堡建筑群为研究当地经济、文化、历史、建筑等领域提供了丰富的实物资料，具有很高的历史价值和文化价值。

完整保留明清时期历史风貌。郭峪古堡建筑群城墙完整度高，除东门景阳门、北门拱辰门、西门永安门外，完整保留了两个水门，及西门外瓮城；城内街巷井然有序，现仍有保存完好的明清时期民居四十院，为研究明清时期晋东南地区堡寨式建筑提供了丰富直观的实物资料。

古建遗存丰富多样。城内民居为北方典型的"四大八小"格局，巍峨的木门楼，精美的木雕，无一不展现着当地厚重的历史文化；汤帝庙、白云观、文庙等宗教建筑，用于村务公开的申明亭等，无声地阐释着明清时期的民间信仰、社会形态。

居住与防御功能并举。郭峪古堡建筑群最大的特点就是具有很强的防御性，因修建于动荡时期，厚实的城墙和高高的碉楼必不可少。绵延 1400 米的窑洞式城墙，既可住人，又兼具屯兵与储藏功能；豫楼下设置的灶台、水井、厕所，在战争来临时解决了村民的基本生活需求，城门一关，百姓便可安然度日；城内院子为了少占地方，大多房高院小，为了便于躲避，院院相通，院与院之间用过街楼连接，古城的街道因此狭窄而幽深。这一切都是特殊历史时期的产物，见证了明末清初的动荡岁月。

四、文献撷英

《郭谷修城碑记》碑

勒石于明崇祯十一年（1638）戊寅季夏。现存于阳城县北留镇郭峪村大队院内。长方形青石碑，身首一体，通高 285 厘米，宽 85 厘米。碑叙明崇祯八年（1635）正月十七日至当年十一月十五日修建郭峪城堡事。仿宋竖书，全文共 527 字，计 17 行，每行 50 字。碑刻中间断裂，约缺两行字。赐同进士出身中宪大夫整饬苏州等边备兼巡抚顺天等府地方都察院右佥都御史前兵科都给事中侍经筵邑人张鹏云撰。碑文节录如下：

……吾乡郭谷，夙称巨镇。聚庐而处者千余家，皆敦礼义、安耕凿，从来未经兵火。崇祯五年七月十六日卯时，突有流寇至，以万余计。乡人抛死拒之，众寡不敌，竟遭蹂躏。杀伤之惨，焚劫之凶，天日昏而山川变。所剩孑遗，大半锋镝残躯，或乘间奔出，与商旅他乡者，寥寥无几。呜呼苦哉！鉴前毖后，余因与乡人议修城垣以自固。一切物料人工，悉乡人随意捐输，富者出财，贫者出力，不足者伐庙坟古柏以佐之。而以焕宇王翁董其事，众人分其劳。计城工始于崇祯八年正月十七日，告成于崇祯八年十一月十五日。内外俱用砖石垒砌，计高三丈六尺，计阔一丈六尺，周围合计四百二十丈。列垛四百五十，辟门有三，城楼十三座，窝铺十八座，筑窑五百五十六座。望之屹然干城之壮也！今而后揭竿其无皖乎？保障（残缺约两行一百字）长枪、月斧、火罐等俱备，而火药、铅、铁子称是。更愿吾父老子弟，同心同力，有财者毋吝，有势者毋骄，乏者毋疾贫，强者毋凌弱，守望相助，疾病相扶持。庶几众心成城，立于不拔，岂专在垣壁间称金汤已哉！……

《焕宇变中自记》碑

勒石于明崇祯十三年（1640）正月修豫楼时。现存于阳城县北留镇郭峪城中豫楼第五层的西墙上。长方形青石碣，高60厘米，宽203厘米。王重新撰。王重新，字焕宇，号碧山主人，是郭峪城和豫楼的总设计师和建造者，是郭峪城中的巨富和村社之首。文章是王重新在明末战乱之中见闻和感受的真实记录。洋洋三千六百言，详细叙述了明崇祯四年（1631）到崇祯六年（1633），陕西流民攻打阳城，以及四次骚扰郭峪的经过，同时记下了崇祯八年（1635）修郭峪城，崇祯十二年（1639）遭遇旱灾、蝗灾，崇祯十三年修豫楼等情况。文章中的许多客观的记述，反映了当时的现实，有极高的史料价值。碑文楷体竖书，约3526字，计116行，每行32字。保存完整。碑文节录如下：

……故计十一月间，天雪大降，深有丈余，野兽山禽死其大半，檐前冰锤垂地，黄河冰冻最坚。陕西延安府连七年荒旱，聚积反贼数千。贼首名紫金梁、老佪佪、八大王等，领马步贼三千余人，乘冻渡河。先至平阳府、霍州、隰州作乱，半载有余，相随穷人者数万。亦尝闻贼分三十六盘，人马十万。山西不遭兵火，不知利害，人人以十万之言为谬。及至本年七月十五日，贼分两路而来。午刻，哨马数匹到史山岭塔堆地哨探，乡民赶杀而去。夜宿于家山、长河、苇町、湘峪、樊山、郭庄等处。十六日卯时，贼仍由两路而合为一处，先至吾村东坡。东坡初间据敌甚勇，渐渐贼来众多，东坡事败。杀人放火西崖，犹无退怯之志。以吾村坚锐拒敌，而人心似为可恃也。不意午后云雾迷漫、大雨淋漓，神枪火炮置之无用，人在房上站立不定，虽有智勇无所施矣。贼乘雨一拥前来，四面围绕。一村人民欲逃无门，以十分计之，逃出者仅仅一二分。余有逃至山沟野地者，又被搂山贼搜出。幸值秋谷茂盛，夜间逃出者，谷林内藏蔽一二。贼于十六日至十七日夜间，将人百法苦拷，刀砍斧劈，损人耳目，断人手足，烧人皮肤，弓弦夹腿，火池油烹，残刻不可胜言也。尔时天雨五日，惨害不堪，男妇老幼，叫哭连天。二十日稍晴，贼方起营。合村之人，寻父叫母，唤子呼孙，嚎啕动地，悲声彻天。且尸骸满地，绝死数家，即有苟存性命者，半多残躯。经查，杀伤、烧死、缢梁、投井、饿死小口计有千余，并伤他村逃难之人不知名姓者亦无数也。金银珠玉、骡马服饰，罄抢一空；猪羊牛只，蚕食已尽；家家户户无一物所存，无一物不毁。……有初八日贼自大阳、马村由长河而来。吾村知贼将至，往炭窑躲避。见贼到岭上，男妇一拥入窑。窑口窄小，踏死九十三口，上佛井则沟窑内亦如此，踏伤男妇五百余口。吁嗟！人民幸不死于贼手，而复死于逃贼之日。不亦深可悼哉！……此贼虽远遁，而吾村系伤弓之鸟，闻贼知惧，无处躲避，各家攒钱造地洞数眼，皆由井口出入，观者以为极妙。贼于四月十六日，复至吾村。初不知人之去向，以为奇异。及搜见一三人，百般拷打，一一引至洞口。贼尚不敢擅入，先用布裹干草，内加硫磺，人言藏火于内，用绳悬在井口中。毒气熏入洞内，人以中毒，不觉昏迷气绝。余家人数人，幸在地洞风眼处，得透风气，免害。北门外井洞计伤八十余口，馆后井洞计伤数十人，崖上井洞计伤数十人，并吾村之藏于炭窑矿洞者共伤三百余人，苦绝者数家。贼觉人死，人洞细搜，一物不留。……此时贼在吾村住宿，四日中杀死、熏死尸骸满地，天气炎热，臭气难堪。即有一二未受害者，天降瘟症，不拘男女大小，十伤八九。夫罹贼难者如许，而遭瘟死者复如许，则天心生杀之权是又所不可解也。吾村经此一番，无地可避，每日惊慌，昼不敢入户造饭，腰悬米食；夜不敢解衣歇卧，头枕干粮。观山望火，无一刻安然。稍便者，避州城、县城、周村、苇町；贫寒者，为农事所羁，宿山卧岭，闻风惊走。吾乡不得已，设处前两，东坡修寨。寨工虽完，无险可恃，人心终不安。五月十三日晚间，马贼百人，前至润城，称复前月之仇，杀伤数人，烧毁房屋大半，自石道口迳往北去，贼因前月遭兵杀败，丧胆亡魂，只在怀庆、河北三府条山为乱。

……吾村乡官现在顺天等府巡抚，驻扎遵化县，念恤本乡被贼残破，荒凉难居，极力倡义输财，以奠磐石之安！劝谕有财者输财，有力者出力。崇祯八年正月十七日开工修城，不十月间而城工告成。斯时也，目击四方之乱，吾村可以高枕无忧，抑谁之力也？实张乡绅倡义成功。

赐福多矣。近自修城之后，士民安睹者几几如故，虽累年凶旱，未至大荒，衣食犹可充足。至崇祯十二年六月间，飞蝗突起，自东南而来，遮云蔽日，食害田苗者几半。蝗飞北去，未几而蛹虫复作，阴黑匝地者尺许。穷山延谷，以至家室房闱间，无所不到。谷豆禾黍等食无遗草。秋至明年三月尽，雨雪全无，怪风时作，桑蕊、菜苗皆以霜毙。且虫有如人形者，头尾有丝，结于树枝，虫有如跳蚤者，嚼食菜根。米价至三千五百仅获一石。以故民有饥色，野有饿殍，夫弃其妻，母遗其子，榆皮桑叶等类皆刮而食之，如人相食者，问亦有焉。贼盗蜂起，未知所止。似此兵荒频至，种种灾异，千百年所未有者，而积见之于今。语云："大军之后，必有凶年"，亶其然乎！虽曰天运之穷哉，抑亦人事之咎耳！予因于崇祯十三年闰正月十五日起修豫楼，即以佣工养育饥民数万，为一方保安固存之计。姑手录之，以垂于石，俾后之人，勤工作，惜物力，一切存心行事，克当天理而勿为。则人心和，天意顺，而太平无事之福，庶己乎万世绵绵也。谨志。

崇祯十三年闰正月十五日立

《城窑公约》碑

勒石于清顺治十二年（1655）十一月，现镶嵌于阳城县北留镇郭峪村汤帝庙西门洞西墙上，长方形青石碣，碣身四周浮雕花卉图案，高65厘米，宽92厘米，是郭谷全社在修葺城垣之后，公议制订的一份保护城窑的公约。全公约二十一款，写明了城窑的归属、租用管理，以及违约的处罚办法。从中可以借鉴古人的管理方法。碑文楷体竖书，共1184字，计49行，每行28字，保存完整。碑文节录如下：

……首事者当筑城时，相其城宜增以窑座，一半于居，一半于守。窑凡三层，共计陆百零玖眼半。积其所入之租，佐修葺守门等费……

——东面大窑共肆拾捌号计柒拾柒眼半；中窑共参拾柒号计伍拾捌眼半。

——西面大窑共肆拾肆号计陆拾眼半；中窑共参拾柒号计柒拾肆眼；内除上王家自修贰眼，俱坐落西城北角；小窑共伍拾伍号计捌拾伍眼；内除上王家自修贰眼，俱坐落西城北角；

——南面大窑共肆拾号计柒拾陆眼半；中窑共参拾叁号计陆拾柒眼；小窑共壹拾柒号计参拾贰眼半。

——北面大窑共参拾肆号计肆拾伍眼；内除上王家自修染眼，俱坐落北城西角；中窑共壹拾伍号计贰拾叁眼；内除上王家自修柒眼，俱坐落北城西角；小窑共肆号计拾眼。

——租有定额，大窑每眼银伍钱，放草加银壹钱。中窑每眼银参钱。小窑每眼银壹钱。其中有大者量增，小者量减。

——租银按四季交完，如过季不完者即令移去；有倚强不去者罚银贰两……

07

陈廷敬故居

陈廷敬故居全景·由西北向东南

陈廷敬故居 / CHE NTINGJING GUJU

一、遗产概况

（一）历史沿革

陈廷敬故居原名中道庄、午亭山村，现名皇城相府，位于阳城县北留镇皇城村村南，是一处罕见的集明清两代城堡式官宦住宅的建筑群。2013 年 3 月 5 日，被国务院公布为第七批全国重点文物保护单位，被专家誉为"中国北方第一文化巨宅"。

沁河古称少水，又称洎水，是山西境内除汾河之外的黄河第二大支流。《山海经》云："谒戾之山，其上多松柏，有金玉。沁水出焉，南流注入河。"沁河中游位于晋城境内的沁水、阳城一带，自古以来气候宜人、水土肥沃、物产丰富，明清时期留下了大量古城堡式的村落，成为山西东南端的一颗明珠。

《明史》第一百七十九卷《张铨列传》中记载："道濬倡乡人筑堡五十四以守。"清雍正十三年编修的《泽州府志》中记载"王村堡、下孔堡、北留堡、沁渡堡、上佛堡、润城堡、刘善堡、王曲堡、美泉堡、安阳堡"都位于沁河流域中游一带。如此众多的堡寨在明清之际集中出现，是历史原因、地理环境、政治因素等共同作用的结果。

1. 充裕的农耕经济造就了一方的繁荣。沁河进入阳城、沁水以后，地势逐渐平缓，形成了大片的河谷台地。温暖的气候、肥沃的土地、充足的水源使这一带的农耕经济相对发达，为古堡的修建提供了物质基础。清雍正二年的《贝坡凶荒碑序》中记载康熙"六十年，春二月，又无雨水，阳邑地方未得种谷……至五月初六至七月初二，麦全无收"，"六月十八九日又毁种谷黍，二十日初伏，其年闰六月，后月十六日立秋，人方锄谷。不料天意留人，每亩谷有打一石，黍有打石四五者，豆子五斗，樵子一石，绿豆、小豆、浆豆，俱皆成。九月初四下霜，荞麦痛收，芜菁、萝卜、荞菜、柿果一概痛成"。以上记载说明在这一带，尽管旱涝严重的年份屡误农时仍然是丰收的年景。

2. 繁荣的工商业造就了一方的富庶。沁河流域煤铁资源丰富，有着历史悠久的采煤业和冶炼业。润城东北 2 公里处，原有一条黑松沟，当地居民在沟中建炉炼铁，白天炉烟弥天，夜间火明如昼，被人们称为"火龙沟"。开炉致富的居民就近建房筑屋，形成一条长约 1 里的村落，被称为"白巷里"。《泽州府志卷四十九》中记载了"明正德七年（1512）霸州贼刘六、刘七至阳城县东白巷里等村。村多业冶，乃以大铁锅塞衢巷，登屋用瓦击之，贼被创引去"的故事，证明了当地冶铸业的发达。

3. 官僚士绅聚集了巨大的财富，左右着一方的政治。在沁河流域中游的阳城、沁水接壤一带，仅明清两代就有进士数十人，其中著名的有孙居相兄弟、张五典父子、陈廷敬、王国光、张慎言、刘东星等。充裕的粮食、富庶的经济，创造了优渥的生活条件，使读书入仕成为可能。官僚士绅们聚集了巨大的财富，成为一方的名门望族，他们有着相当的影响力，左右着一方的政治、经济和文化。

4.明朝末年的农民起义是古堡修建的直接原因。陈廷敬参与主编的《明史》中，单列了一章《流寇传》，里面记载了明朝末年沁河流域的动乱情况。明朝末年朝廷昏庸、政治腐败，陕西连年大旱，以至天下大乱。崇祯四年，王嘉胤带领农民军从陕西进入山西，在明朝第一将曹文诏的追赶下进入沁河流域，在晋城与官兵整整作战三年，晋城成为农民起义军最早的战场，阳城南山是他们的大本营。农民军的暴行和残忍相关碑刻都有详细的记载。据《郭谷修城碑记》记载："崇祯五年七月十六日卯时，突有流寇至，以万余记。乡人抛死拒之，众寡不敌，竟遭蹂躏。杀伤之惨，焚劫之凶，天日昏而山川变。所剩孑遗，大半锋镝残躯，或乘间奔出，与商旅他乡者，寥寥无几。"在四次血洗郭峪中，有近三千人丧生，手段非常残忍。

陈廷敬故居中的内城斗筑居便是陈氏家族为了抵御明末农民军而修建的，始建于明崇祯五年，至今已有四百年的历史。陈家祖居泽州天户里，明宣德四年陈廷敬的七世祖陈林迁至阳城郭峪，之后又迁居郭峪东北的中道庄。陈家的显赫应是从陈廷敬的三世祖陈天佑时期开始的，陈天佑曾做过陕西按察司副使，后继者有陈所知、陈廷敬的祖父州禀生陈经济、伯父乐亭知县监察御史陈昌言、父亲贡生陈昌期等具有一定身份的人物。

陈廷敬故居的修建是从内城斗筑居的河山楼开始的，陈家的建设是从河山楼开始的，现存于城堡内的石刻《河山楼记》讲述了这一情形。"是年（1630）秦寇入晋四年有奇，所在焚杀掳掠，惨不堪闻，每以听之，殊为胆寒。余乡僻出隅曲，户不满百，离城稍远，无险可恃，无人足守，日夜心焦，谋所以避之。爰遵老母命，与二、三弟昌期、昌齐，□□□楼，其始在壬申（1632）春三月，乃崇祯五年也。……至七月，砖工仅毕，卜十之六日立木，而十五日忽报贼近矣，楼仅有门户，尚无顶棚，仓皇备矢石，运粮米煤炭少许，……于是夜闭门。一楼中，所避之大小男妇约百余人。""余幸仗此一楼，完全父子兄弟之伦，且全活数百人性命。"在此之后，同样的情况还发生过四次，河山楼的确发挥了它的功用，陈昌言在《河山楼记》中总结说："次所至，活者不啻万余计。"修建河山楼的第二年明崇祯六年，以陈昌言为首的陈氏家族又修建了内城斗筑居。斗筑居是以原有的村落为基础之上修建的，因此城内的很多建筑属于明代中晚期的建筑。

外城于清初开始动工兴建，顺治年间（1644—1661）修建了包括止园书堂（南书院）在内的止园，以及内城斗筑居城门前的小石牌坊。康熙二十五年（1686）新建一进三院的尚书院。康熙三十八年（1699）尚书院大门改建为冢宰第大门楼，并陆续修建冢宰第（相府）、附属建筑西花园、小姐院、管家院、东花园、内府院、内宅院、大石牌坊等，加高中道庄城门。康熙五十二年（1713），陈氏家族又在中道庄城门外修建了存放康熙皇帝御题匾额、楹联的御书楼。

（二）主要特点

　　陈廷敬故居为临河靠山型城堡，坐落在樊川幽谷之中的静屏山下。这座城堡由内城斗筑居和外城中道庄两部分组成，分别建于明、清两个朝代，建筑面积3.6万平方米，有大型院落十六座，各种房间六百四十间。内城外城由高大的城墙围在一起，总长780米。内城坐东朝西，外城坐北朝南，布局分明，左右对称，四周设九道堡门，相互连通，四通八达，堡中有堡，防御性很强。

　　内城斗筑居为明代建筑，简洁洗练、古朴典雅。城中多建"明三暗五"的四合院，除陈氏宗祠外，一概不施斗栱；柱间枋木主要是平板枋、大额枋，另有雀替；柱础石、门枕石及影壁等素面无装饰；门框轮廓或作拱形，或为方形；窗户则有直棂窗和支摘窗两大类型；木栏板和梁架等朴实无华，极少装饰；室内次间多设落地罩，纹饰一般为简洁大方的几何图形。

　　外城中道庄一改明代建筑质朴、务实之风格，大量使用制作精细的小木作和各种建筑部件。例如：使用雕花三踩斗栱；柱间多施平板枋和小额枋；柱础石和门枕石多为复合式且纹饰细腻、繁复多变、制作精美。冢宰第和南书院影壁的砖雕幼狮及麒麟等图饰形象逼真、栩栩如生、动感极强。大多数窗户以六抹隔窗为主且棂花有多种图案，室内装饰承袭了明代落地罩的传统手法，但是花样却更加丰富多彩，勾栏大多数不施用栏板，而是装饰镂空的几何纹图案。

　　陈廷敬故居的内城和外城相比较，其规制、体量、位置和装饰等方面，都形成了巨大的反差和鲜明的对比，是中国封建社会的伦理纲常和礼制观念在建筑上最充分的体现，是主人思想意识和行为规范的延伸。

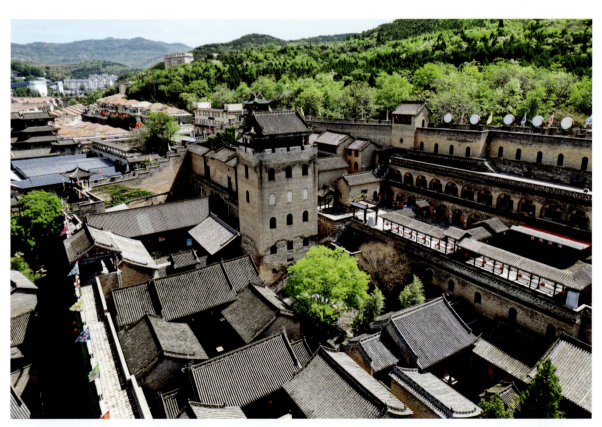

01　河山楼俯拍

二、建筑特点

陈廷敬故居北依樊山，西临樊溪，雉堞林立，城墙雄伟，由内城、外城、紫芸阡、西山院等部分组成。有内堡和外堡之分，从高处俯瞰双城宛若一只头北尾南的巨龟，因而有"龟城"之谓，寓意"千秋永固"，双城布局分明，左右对称。

（一）斗筑居

1. 河山楼

河山楼创建于明崇祯五年（1632），坐北朝南，是陈廷敬故居内最早、最高大的建筑。其名源于"河山为固"，是一座高达23米的七层砖木结构的碉楼。《河山楼记》描述了建筑的做法与规模，"掘地为井，筑石为基""阔三丈，高十丈""石用三千，砖用三十万""所避男女约八百人"。河山楼内备有水井、石碾、石磨等生活设施；出入口在第二层，最下面的一层为暗层；在二、三、四层南面每间开有券洞式窗口；在位置较高的五、六层建筑的两山墙上各增加了一个窗口；在第七层楼顶设有垛口与堞楼，用于瞭望观望敌情，也可作为作战时抛掷、放箭时的窗口。底层辟有秘密地道，便于转移逃生。楼层之间还构筑了棚板来囤积物需，以应付可能出现的长期围困；屋顶是抬梁式木结构硬山顶。河山楼整体建筑采用了墙体内部逐层减薄的方法，外墙垂直不变，内墙向内收，增强了建筑的稳固性。

02　河山楼侧立面

2. 斗筑居

斗筑居创建于明崇祯六年（1633），陈昌言所撰《斗筑居》记载了其具体情况："周围约有百尺，高三丈，垛口三百。开西北两门，用铁包裹，门上各有楼，铁门之外设有粗大木栅栏……南虽有门，而实填不开，以便日后修屋运木石料也，堡之东，山最高，敌人据其上，我不利于守，于东墙上覆以橡瓦，敌人矢石不得从空坠落。而垛大可恃，安守无恐。最为要者，东北墙上祀关帝君，东南郊筑墩台一，祀文昌帝君经纬护佑。"斗筑居坐东朝西，平面近长方形，东西相距71.5米，南北相距161.75米，墙高10余米，厚2—3米，城头遍设垛口。用方石筑居，墙

03 藏兵洞近景

体两侧石砖筑墙，墙中夯筑黄土。西、北两门用铁皮包裹，门上有楼阁，楼下有券洞，洞旁掘井以保障城内人畜用水。城门外置有粗大的木栅栏，将来往行人隔在城墙外面。南墙虽设有城门，但实填不开，是和平时期运石运木的通道。由于城外东山高于内城墙，所以又在东城墙的垛口上建两个掩体窑洞，而窑洞内的箭口和瞭望孔又可对敌射击。由于内城东高西低，就因地制宜在东墙下修建五层125孔的藏兵洞，一字排开，可屯兵御敌。东南、东北二角制高点建文昌、春秋二阁，以求神灵护佑。

04 文昌阁远景

3. 陈氏宗祠

　　陈氏宗祠在修缮前为单进院落，坐东朝西，依势而起。宗祠的门楼位于高阶之上，正对着斗筑居的堡门，为一双柱单楼悬山式建筑。建筑斗栱分为两重，第一重斗栱为三踩两攒，骑门而设，位于门额横批上槛的平板枋上。厢栱托举的立枋加置了平板枋托举第二重斗栱，第二重斗栱为九踩四攒。门楼左右两侧置大小狮各一对，一雌一雄，四目相对，身后紧靠门墩的小狮子憨态可掬。宗祠内的祭堂坐东朝西，建于台阶之上，面阔三间，进深六椽，单檐悬山顶，抬梁式结构，七架梁屋前带插廊，前后通檐用三柱。明间与左右次间均有隔扇门，明间廊柱悬木刻楹联一副，上书"德积一门九进士，恩荣三世六翰林"。

06　陈氏宗祠石狮子

05　陈氏宗祠山门

07　陈氏宗祠石狮子

08　陈氏宗祠南过道门

09　陈氏宗祠北过道门

10　陈氏宗祠祭堂立面

4. 树德院

　　树德院是陈廷敬故居中最早的院落，是陈廷敬曾祖父陈三乐居住的地方。树德院建于明嘉靖年间，位于城内东北角藏兵洞顶的高台之上，为坐东朝西的两个"四大八小"并列四合院，每个院落均由正房、厢房和倒座三部分构成。正房为"明三暗五"的三层楼房，厢房和倒座为三开间的二层楼。院落四角由砖木楼梯通往二层，还设有封闭或开敞的小天井，院内铺设青色素砖，主院西北开一道门，将主院和偏院连通。树德院内现设中华字典博物馆。

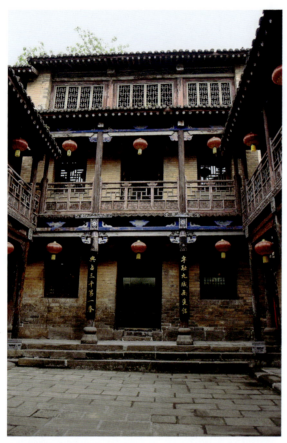

11　树德院一进院正房

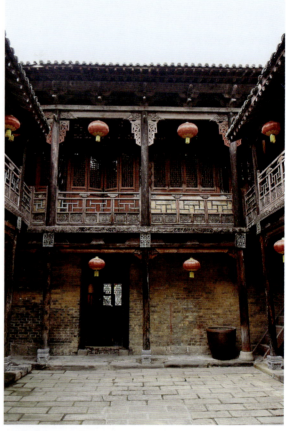

12　树德院一进院倒座

13　树德院一进院南配楼

14　树德院一进院北配楼

15 树德院二进院正房

16 树德院二进院倒座

17 树德院二进院南配楼

18 树德院二进院北配楼

19 树德院三进院正房

20 树德院三进院南配楼

21 树德院二进院北配楼雀替

22 树德院一进院柱础

5. 世德院

世德院因陈廷敬曾祖父陈三乐经商时的商号"世德堂"而得名，创建于明正德年间，是陈氏家族早期院落，也是陈廷敬的出生地。世德院由三座院落组成，前院北房为书房，名曰"知书斋"；后院是南北并排的两个四合院，两院皆是以东房为堂房的三层楼房。后院的主房为陈昌期的居室，第二层为藏书楼，第三层为藏板楼。

24　世德院北配楼

23　世德院大门

25　世德院南配楼

26　世德院正房

27 容山公府一进院正房

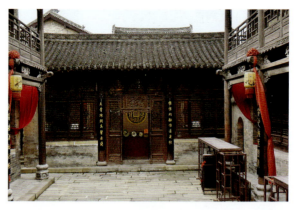

28 容山公府一进院倒座

29 容山公府一进院西配楼

30 容山公府一进院东配楼

31 容山公府二进院正房

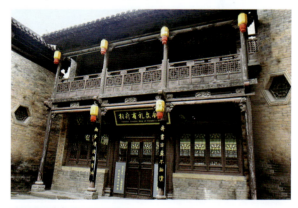

32 容山公府二进院西配楼

33 容山公府二进院东配楼

34 容山公府二进院柱础

35 容山公府一进院正房柱础

（二）中道庄

中道庄是整体村落的大门，上部木构建筑为近年后人复原，底部砖砌高台为康熙四十二年（1703）建。主要包括御书楼、石牌坊、冢宰第、西花园、管家院、小姐院、南书院等，是一处典型的清代官宦建筑群。

36　御书楼背立面

37　中道庄正立面

38　御书楼远景

陈廷敬故居

1. 大石牌坊

建于清康熙三十八年（1699），位于斗筑居门外的东西大道上，大小两座石牌坊均为石制。大石牌坊面阔三间，三门四柱，单檐歇山顶，檐下斗栱叠置，斗栱下的额枋雕镌龙凤等图案；护柱石瑞兽环列，通体以青石雕造。牌楼的正上方，镌刻有"冢宰总宪"四个大字。在"冢宰总宪"下方有四格文字，从

39　大石牌坊正立面

下至上分别镌刻着陈廷敬及其父亲、祖父、曾祖父的官职和功名，最下一格是陈廷敬所任官职的具体名称。两边的偏门上分别刻有"一门衍泽"和"五世承恩"，下面的小字部分则详细记载着陈廷敬同门八兄弟及其三个儿子所授官职。牌楼的护柱石，由香炉座、抱鼓石和狮子滚绣球三部分组成。

2. 小石牌坊

两柱一门，建于清顺治十四年（1657），也就是陈廷敬乡试中举之年。其正面刻有"陕西汉中府西乡县尉陈秀"至"儒林郎浙江道监察御史陈昌言"等6人的名字和官职；背面刻有"嘉靖甲辰科进士陈天佑"至"顺治丁酉科举人陈敬"等6人的科举功名。

40　小石牌坊正立面　　　　　　　　　41　小石牌坊背立面

3. 冢宰第

又称大学士第，是外城的主体建筑，建于清康熙三十九年（1700），为陈廷敬府邸。南北三进院落，大门向正南方开，位于建筑的西南角。大门雄伟高大，面阔三间，进深两间，明间内柱装门板，两次间为龟背纹影壁，走马板上雕"冢宰第"三个大字，陈廷敬入阁拜相后又悬"大学士第"匾额。进院门为雕刻精美的"麒麟吐玉"影壁，影壁东面是一个狭长庭院，东侧有如意门通往东书院，南面是一个倒座，北面是仪门。进入仪门，院内正面主体建筑是一座殿宇式建筑点翰堂，现存建筑为悬山式屋顶，面阔三间，进深六椽，通檐用三柱，七架梁屋前带插廊，抬梁式结构。整体建筑方梁方椽，用材硕大，梁柱上的雕刻工艺考究。厅堂悬有康熙御笔牌匾"点翰堂"。正厅往北是内宅，入大门后往北沿狭长通道可通向花园等。花园往北是专为家族中成年女子居住而建的小姐院，院内前后设门通向花园，并有踏道通往城上的望河楼。

42　大学士第头道山门

43　大学士第一进院北厢房

44　大学士第一进院南厢房

45 大学士第二道山门

46 点翰堂正立面

47 大学士第三进院北厢房

48 大学士第过厅正立面

49 大学士第二进院北厢房

50 大学士第二道山门背立面

51 大学士第三进院正立面

52　大学士第八字影壁

53　大学士第八字影壁

55　大学士第二道山门柱础

56　大学士第二进院柱础

57　大学士第二进院

54　大学士第影壁

58　大学士第头道山门柱础

59　点翰堂柱础

4. 小姐院

位于外堡西北角。正北方向一字排开的两层小楼是小姐的闺房，也称绣楼。东西厢房为一层建筑，是丫鬟们住的地方。小姐院采用卷棚顶，显示了男尊女卑的封建意识。

60　小姐院正房

61　小姐院过厅正立面

62　小姐院过厅背立面

63　小姐院东厢房

64　小姐院西厢房

65 南书院一进院正房

66 南书院一进院西配楼

67 南书院二进院正房

68 南书院二进院东厢房

69 南书院二进院西厢房

三、价值特色

　　陈廷敬故居是一组极具特色的明清城堡式官宅建筑群，其建筑依山就势、随形生变、错落有致、雕梁画栋、鳞次栉比；建筑形式集防御工事、宗祠庙宇、书院园林、纪念性建筑为一体；巍峨壮观的城墙楼阁与雉堞亭台虎踞龙盘、固若金汤，是中国明清时期官、学、农、商文化的缩影，处处反映了中国古代劳动人民高超的建筑艺术和非凡的建筑价值、旅游价值。其价值特色主要体现在以下几个方面。

（一）别具一格的建筑风格

　　陈廷敬故居外城的整体布局是一个对称格局，以中轴线为基准左右对称；外城的平面布局如同棋盘，错落有致，清晰可见。内城院落坐东朝西，外城院落坐北朝南。整体建筑风格集北方的豪放大气与南方的温婉雅致为一体。

（二）坚不可摧、固若金汤的防御工事

　　陈廷敬故居修建时为了防范明朝末年的"流寇作乱"，城内道路四通八达，内外相连，内外城有高大的城墙，城楼、角楼相互呼应，还有一应俱全的防御设施和战时生活设施。

（三）浓缩着独特的历史文化内涵

　　陈廷敬故居中不论建筑选址、建筑风格还是建筑装饰，处处体现儒家文化、等级制度以及"官文化"。陈氏家族在明清两代科甲鼎盛，人才辈出，堪称北方文化巨族，这些都为陈廷敬故居增添了文化内涵和人文旅游价值。

四、文献撷英

康熙御书匾联

勒石于清康熙五十年（1711）二月二十二日。现存于阳城县北留镇皇城村皇城相府城门外的御书楼上，是康熙帝御笔亲书的石刻匾额与对联。表达了皇帝对陈廷敬辅佐朝政、功劳卓著，晚节弥坚的赞誉，保存完好。录文如下：

午亭山村

春归乔木浓荫茂，秋到黄花晚节香。

《河山楼记》碑

勒石于明崇祯年间（1628—1644）。现存于阳城县北留镇皇城村皇城相府内。圆首青石碑，碑身首一体，通高180厘米，宽118厘米。碑首雕牡丹花卉图案，篆体横刻"河山楼记"四字。碑文记录了修建河山楼的起因、经过和河山楼在抵御流寇进犯中起到的显著效果以及名取"河山为圈"之意。赐同进士出身，文林郎知乐亭县事，道庄主人陈昌言记。保存完好。碑文如下：

河山楼记

余家本泽州天户里人，自上世祖徙于析城东乡，寄居中道庄。山水形势颇属可佳，递传于余七世矣。余借陵皋之气，赖祖宗之庇，以崇祯甲戌科成进士，其乡举则崇祯三年庚午科也。是年秦寇入晋已四年有奇，所在焚杀掳掠，惨不堪闻。每一听之，殊为胆寒。余乡僻处隔曲，户不满百，离城稍远，无险可恃，无人足守，日夜焦心，谋所以避之。爰遵老母命，与二三弟昌期、昌齐缔造一楼，其经始在壬申春王月，乃崇祯五年也。掘地为井，筑石为基，阔三丈四尺，厚二丈四尺，三间七节，高有十丈。石用三千，砖用三十万，为费颇奢。非先大人三十载心计节俭，稍有积资，曷敢创是举？至工匠饮馔之需，老母辛勤于内，期弟拮据于外，数月无有宁晷。兴第儿以是年四月廿七日降生，高堂虽辛勤劳瘁，而色喜倍常。至七月砖工仅毕，卜十之六日立木，而十五日忽报贼近矣。楼仅有门户，尚无棚板，仓惶备矢石，运粮米、煤炭少许，一切囊物具不及收拾。遂于是晚闭门以守。楼中所避大小男妇，约有八百余人。次日寅时立木，无一物可祭，只焚香拜祝而已。拜甫毕，届辰时，贼果自大窑谷堆道上来。初犹零星数人，须臾间，赤衣遍野，计郭峪一镇，辄有万贼。到时节劈门而入，掠抢金帛。因不能得志于楼，遂举火焚屋。

《斗筑居记》碑

勒石于明朝末年。现存于阳城县北留镇皇城村皇城相府内。长方形青石碑，高160.5厘米，宽90厘米，厚14.5厘米。文叙修建斗筑居的缘由经过及其规模形制。碑文楷体竖书，约876字，计30行，每行28字。道庄主人陈昌言撰文。保存完好。碑文如下：

斗筑居属皇城相府内城，多为明代民居，是陈廷敬伯父陈昌言（明浙江道监察御史）、父亲陈昌期为防御明末战乱所建。修建于明宣德至崇祯年间，依山就势，规模宏大，层楼叠院，错落有致。城内建有百尺河山楼及125间屯兵窨，集明代民居、官宦府第、祭祀神祠和城防工事为一体，功能多变，风格迥异，是一座浩大的防御工程建筑，堪称一座丰富多彩的明代古建艺术博物馆。

斗筑居记

崇祯五年七月十六日，流寇自长河入余乡，一日间遍塞十数村，焚杀掳掠所在皆然，而郭峪镇独惨。余家徼天之幸，得以楼免。寇连犯五次，终不能得志。族戚乡邻，所全活者约有万人。楼之坚足当一面，楼之宽可容千口。然而糇粮、包裹不能多藏。至于牛马诸畜，无可躲逃，每遭杀掠。余日夜图维，思保障于万全。以为筑楼既有成效，则筑堡之效较然可知。且余庄坐落不甚阔，其庄人具属同宗，无难家自为守。于是聚族长而谋之，再四申说，晓以同舟之谊，期共筑一堡以图永利。无奈人藏其胸，心有主，且多贵金钱而贱性命，竟成筑舍，良可太息！余计无复之，莫能相强，不得不就余所居址处自为修葺，然东、西两面地基系族人业，数传以来，若不肯相成。余恳亲友力求，破金多许，复兑以业，始克迁就。种种变态，思之可叹！然余止计成事，不便惜费也。爰于六年癸酉初秋廿一日，举其工经营。量度周围约有百丈，高三丈，垛口二百，开西北两门，用铁包裹，门上各有楼。铁门之外，设有粗大木栅栏。每日拨后，看守无事，便于启闭。一切闲人往来，俱在栅栏外，不得擅入，以杜奸伪，即遇警亦便于疾闭，然后掩门可防不测。且可防寇之隐匿门阙下，难以攻打最为紧关。南虽设有门，而实填不开，以便后日修屋运木石料也。堡之东山最高，敌人据其上，我不利于守。乃于东墙上，覆以椽瓦，使敌人矢石不得从空坠落，而垛夫可恃以安守无恐，最为要着。东北墙上祀关圣帝君，东南角筑墩台一，祀文昌帝君。

《斗筑居铭垂训后人》碑

勒石于清顺治十二年（1655）乙未季夏。现存于阳城县北留镇皇城村皇城相府内。长方形青石碣，宽97.5厘米，高36厘米。文章训示家人，斗筑居修建不易，要防火防水，用心维护，修身齐家，和祥绵延。碑文楷体竖书，约243字，计26行，每行11字。斗筑居主人陈昌言撰文。保存完好。碑文如下：

斗筑居铭垂训后人

斗筑拮据，二十余年。创之不易，守须万全。阴雨回测，侮余耽耽，牖户绸缪，日夕谨焉。徙薪曲突，明烛几先，勿谓一星，势成燎原。疏渠补漏，夏秋更专。勿谓一隙，蚁穴滔天。曝晒蔬果，登屋相沿。最损瓦舍，切戒勿然。僻兹一隅，水绕山环。鹪鹩一枝，茅屋数椽。风雨可恃，俯仰托全。修齐敦睦，追本溯源。和气致祥，家室绵延。世守而吻替，惟我子孙之贤。

余家自明宣德四年移往中道庄，盖二百一十五年。赖上世先人多贤而显达，故能绵长至此。余作《斗筑居铭》，凡百有三十一字，虽简朴不文，实保家至理。启佑我后人，深思远虑，触目警心，庶几与中道之河山并永云。

时顺治十有二年乙未季夏穀旦斗筑居主人陈昌言识。

顺治年陈氏牌坊

勒石于清顺治十四年（1657）。现存于阳城县北留镇皇城村皇城相府内。两柱单间砂岩牌坊，牌坊上镌刻着陈廷敬七世祖陈秀之后陈家数代的官职、功名，昭示着陈氏家族显赫的历史。保存完好。录文如下：

陕西汉中府西乡县尉陈秀

直隶大名府滑县尉赠户部主事陈珏

中顺大夫陕西按察副使陈天佑

河南开封府荥泽县教谕陈三晋

赠儒林郎浙江道监察御史陈经济

儒林郎浙江道监察御史陈昌言

嘉靖甲辰科进士陈天佑

万历恩选贡士陈三晋

崇祯甲戌科进士陈昌言

顺治辛卯科经魁陈元

顺治甲午科恩选贡士陈昌期

顺治丁酉科举人陈敬

冢宰总宪牌坊

创建于清康熙三十八年（1699）。现存于阳城县北留镇皇城相府内。是陈廷敬官居吏部尚书、都察院左都御史时，奉旨修建的旌表石牌坊，牌坊为四柱三门式。牌坊明间额书"冢宰总宪"，左次间额书"一门衍泽"，右次间额书"五世承恩"，其余各枋间垫板石上，刻记着陈廷敬曾祖陈三乐至陈廷敬子倜等五代人的功名和官职。保存完好。录文如下：

一门衍泽 五世承恩

中：

诰赠正一品光禄大夫经筵讲官刑部尚书陈三乐

累赠正一品光禄大夫经筵讲官吏刑二部尚书都察院掌院事左都御史陈经济

累封正一品光禄大夫经筵讲官吏刑二部尚书都察院掌院事左都御史陈昌期

戌戌科赐进士正一品光禄大夫经筵讲官吏户刑工四部尚书都察院掌院事左都御史陈廷敬

左：

己亥科赐进士翰林院庶吉士陈元

壬子拔贡国子监学正候补行人司司副陈廷继

候选知县改候补府同知陈廷愫

征仕郎广东廉州府钦州州判候补知县陈廷宸

奉直大夫刑部湖广清吏司郎中改兵部武库清吏司郎中加一级陈廷统

右：

湖广岳州府临湘县知县陈廷弼

甲子科举人拣选知县陈廷翰

江南淮安府邳睢灵壁河务同知加一级陈谦吉

甲戌科会魁赐二甲第十二名进士翰林院庶吉士陈豫朋丁丑科会魁赐二甲第八名进士翰林院庶吉士陈壮履

阳城文庙 / *YANGCHENG WENMIAO*

一、遗产概况

（一）历史沿革

追溯中国教育，周代就出现了由国家兴办的太学，同时《周礼》确定有"凡始立学，必释奠于先圣先师"的释奠礼仪。汉代以后，官学中的先圣先师逐渐固定为孔子和颜渊。汉武帝"兴太学"一事被载入《汉书》，"立太学以教于国"的太学由国家兴办，以教授统治者为目的，与之同时出现的地方性学校——"庠序"以教化民众。

南北朝时期，地方郡学制度趋于完善。梁元帝在孔庙内设州学，擅长书画的他还亲自画了幅孔子像供奉于此，这是地方学校与孔庙并列而置，也是庙学体制初现的最早实例。隋朝，太学、四门学、州县之学均已出现。

到了唐代，朝廷统一恢复隋朝的教育设置。高祖初定京邑，国子学、太学、四门学设于京师之地，又命郡县置学。太宗贞观四年（630），唐太宗颁令"州、县学皆作孔子庙"，在全国范围内推行学内建庙，庙学合一，将庙学体制正式构建于政令层面。因学而建庙，学内建庙，有庙学而行释奠，在孔庙中举行的春秋释奠由此推行于地方。贞观十四年（640），"太宗观释奠于国子学"，可见他对释奠礼的重视。玄宗开元二十年（732），释奠礼纳入官方礼典《大唐开元礼》，规范了从中央到地方的释奠仪制。唐朝政典《唐六典》也从诸方面明确规定了地方州县的春秋释奠礼仪。唐后期，历经战乱，学校多废弛，很多孔庙却在战火中保留下来，释奠礼得以延续，孔庙的地位超出了学校而独立存在，竟出现了无学而行释奠礼的局面。五代十国沿唐制。

宋初，地方无学或学校久废，多于孔庙内进行讲学。真宗大中祥符（1008—1016）中追谥孔子曰"至圣文宣王"，四年（1011）年颁诏："州城置孔子庙。"仁宗以后兴学不断，庆历四年（1044）诏云"诸路州府军监并各令立学"，明确了在文宣王庙内设学的做法，确立依庙立学、庙内设学的新庙学体制。神宗、徽宗积极推崇儒学，徽宗将辟雍（天子学习之地）文宣王殿命以"大成"之名，于是，地方州学文宣王庙皆用"大成殿"。北宋朝廷对地方释奠礼仪更为明确化、细致化，并用绘制和颁行图本、仪图的方式来规范和监督地方。通过几代帝王的努力，历经"庆历兴学""熙宁兴学""崇宁兴学"，全国从京师至郡县皆置学。

宋代佑文抑武，科举取士达到前所未有的盛况，科举成为步入仕途的主要渠道。《宋史》载崇宁元年（1102）学校式"天下州县并置学，州置教授二员，县亦置小学。县学生选考升诸州学，州学生每三年贡太学"。从县至州至太学层层选拔，为国家输送人才。

南宋时，儒家的新高峰"程朱理学"是以儒学为宗，同时吸收佛、道之精华加以整合为新儒学思想，这一学说被封建统治者接受并利用，作为教化民众和维护统治阶级的手段，同样得到明清朝廷的重视。由此，明清沿袭庙学体制，科举制度更加成熟，各级庙学建筑的发展达到了鼎盛，并形成完备的建筑制度。

《明史·太祖二》载明洪武二年（1369）："辛卯，诏天下郡县立学。"清《阳城县志·学校》载："文庙，阳城在宋元世旧有庙学居城东南隅化源坊。明洪武（1368—1398）初昭天下新学宫，于是邑令李苩重建，以旧基狭隘乃扩学西废地以益。之其后修学宫者明成化（1465—1487）中史书、嘉靖（1522—1566）中邹颐贤、万历（1573—1620）中张应诏。国朝顺治十五年（1658）知县陈国珍、康熙八年（1669）都甫。其学宫大成殿灾，于康熙二十八年（1689）令项龙章重新焉。至壬戌岁（1682）明伦堂亦圮，则邑人故户部侍郎田六善所修……"根据以上记载，阳城文庙有可能初建于宋元时期，但有确切纪年的第一次重修，是在得到明太祖的诏令于洪武（1368—1398）初由知县李芾主持修建的。我们还可以看到，明清时期的文庙曾多次扩建和重修，足以说明当朝者对儒学文化的尊崇。

01 文庙俯视图

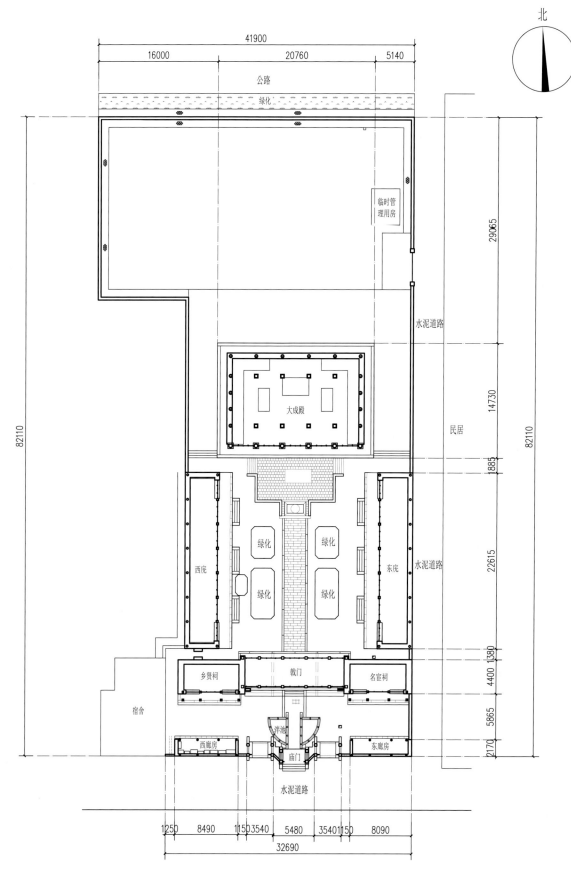

北

41900
16000　20760　5140
公路
绿化
临时管理用房
水泥道路
29065
82110
大成殿
14730
民居
1885
西庑
绿化　绿化
绿化　绿化
东庑
水泥道路
22615
82110
1380
乡贤祠　戟门　名宦祠
4400
宿舍
5865
泮池
西廊房　庙门　东廊房
2170
水泥道路
1250　8490　1150　3540　5480　3540　1150　8090
32690

02　文庙总平面资料图

（二）主要特点

　　阳城文庙不仅是祭祀孔子的庙宇，同时伴随着学校出现，属于县儒学。据清《泽州府志·阳城县学宫图》，当时的阳城文庙规模宏大。阳城文庙的主体建筑分为东西两个院落，东院为孔庙，祭祀至圣先师，分前后二进院，中轴线自南向北依次排列照壁、棂星门、泮池、戟门、先师殿五间和青云馆三间等建筑。前院东西厢分别为名宦祠和乡贤祠，后院东西厢各建廊庑七楹。西院同为前后二进院，后院有明伦堂三间等建筑。附属建筑有聚奎书院等，书院内建奎星楼一座。由图中可见，阳城文庙（学宫）布局规范、工艺精湛，堪称县儒学之精品。

　　1945年4月，阳城解放。1946年1月太岳区首脑机关移驻阳城县城，太岳军区司令部驻县城文庙。老一辈无产阶级革命家徐向前、陈赓以及王新亭、曹普等军事将领曾在此制定决胜千里的军事计划，解放运城、攻克临汾、鏖战晋中和吕梁、攻打太原等诸多作战方针都是在这里作出；陈（赓）谢（富治）兵团挺进豫西、转战陇海、进军中原的军事谋略也是在这里制定；太岳区的诸多军事会议在这里举行。太岳区首脑机关驻阳城期间，正处于全国解放战争时期。全县军民在太岳区委、县委的直接领导下，参军参战，支援前线，为夺取解放战争的胜利建立了不朽功勋！

03　棂星门正立面

阳

城

卷

二、建筑特点

　　阳城文庙现仅存东院孔圣庙，坐北朝南，二进院落，南北长 53 米，东西宽 31 米，占地面积 1643 平方米。前院的泮池、戟门、名宦祠和乡贤祠，后院内的大成殿及东西厢，均为明清古建，保存完好。

（一）棂星门

　　移建，建筑材料源自县城古庙，为文庙之正门，面阔三间，中间高两边低，屋顶均为琉璃瓦饰。中间正门为庑殿顶，四柱两椽，两边的侧门同为四柱两椽，单檐悬山顶，形制规格低于正门。

04　棂星门背立面

05　棂星门石柱

06　棂星门石柱

07　棂星门石狮子

08　棂星门石狮子

09　棂星门石狮子

10　棂星门抱鼓石

（二）大成殿

面阔五间，进深八椽，重檐歇山顶，屋顶饰黄绿釉琉璃脊饰。大殿花梁有清道光十九年（1839）重修题记，大成殿应是在前期三间殿的基础上改造成五间殿，前檐的柱子和中间四根柱子都留下了明显的改建痕迹。大殿内槽梁架为三间四椽，梁架为彻上露明造，建筑的下檐周围皆为两架椽，采用抬梁式结构，前后檐明间双步梁后尾与金柱榫卯结合。上檐明间为五架梁贯通前后，山面梁架采用"移梁造"法，建造中为了妥善解决上檐角梁后尾的安放问题，建造师把整缝梁架移离了柱头，将其向内移动了24厘米，这样做的好处既能减少扒梁又能取消踩步金，还能巧妙地把上檐角梁的后尾放在五架梁上，再把上檐山面的椽尾放在三架梁上。大殿前檐皆施四扇六抹隔扇门，下檐斗栱为五踩双翘，补间出45度斜栱，大部分斗栱为云形如意耍头，上檐斗栱三踩单翘，补间与柱头科相同，前后檐平身科每间出一攒。

11　大成殿正立面

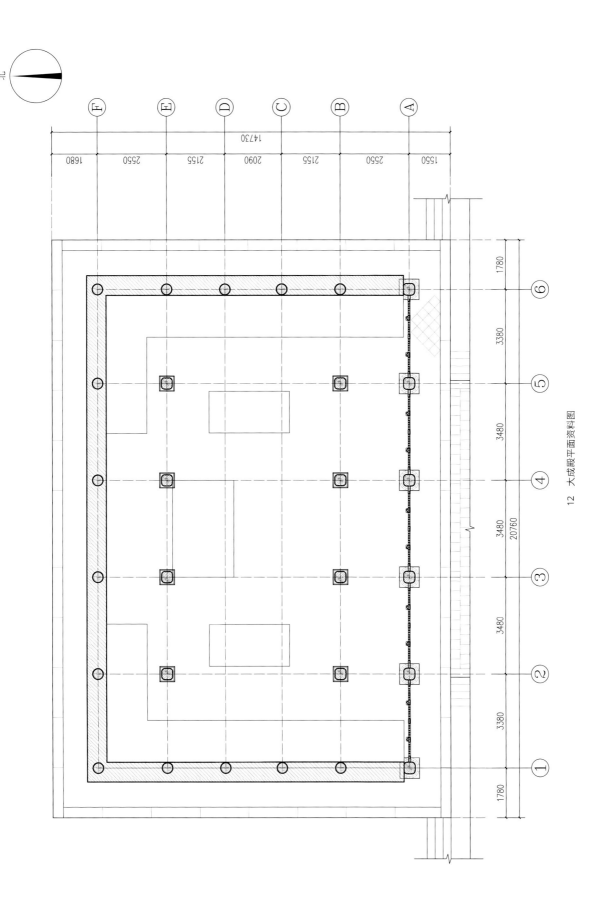

12　大成殿平面资料图

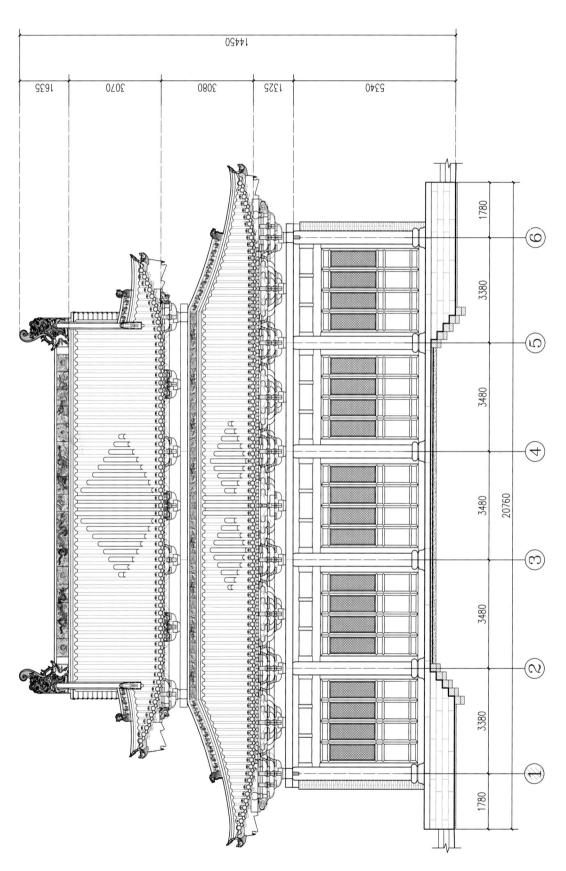

13 大成殿正立面资料图

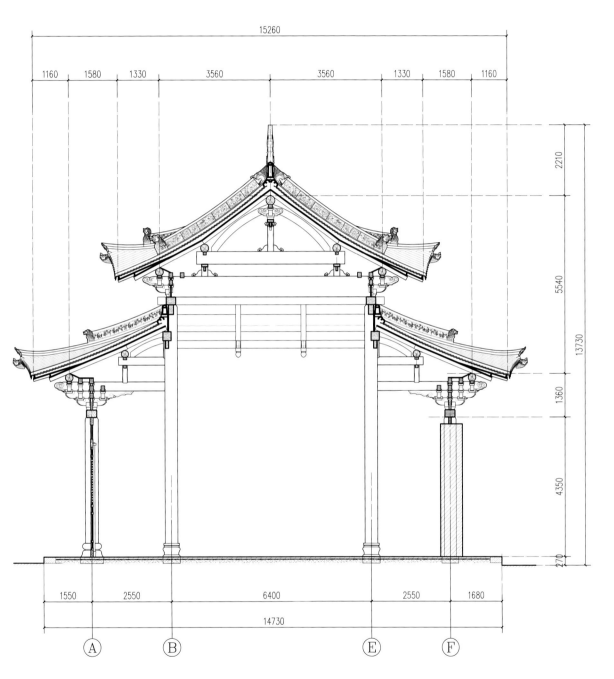

14 大成殿剖面资料图

（三）殿前月台

石砌台基，高 0.7 米，中央设双龙戏珠石坡踏步，是旧时举行祭孔大典行礼乐之地，也是展示大成祭祀仪式的重要场所。

（四）东西庑

位于后院东西两侧，面阔七间，进深五椽，六檩前出廊式单檐悬山顶，青灰筒板瓦屋面，绿色琉璃瓦剪边，琉璃脊饰、吻兽，正脊、垂脊均为捏花脊筒。

（五）戟门

位于中轴线前端、前院北侧，面阔五间，进深五檩四椽，五架梁贯通前后，单檐悬山顶。青灰筒板瓦屋面，绿色琉璃瓦剪边，琉璃脊饰、吻兽，正脊、垂脊均为捏花脊筒。

（六）明宦祠

位于戟门东侧，坐北面南，面阔三间，进深六檩五椽，前单步梁对后五架梁式单檐悬山顶。青灰筒板瓦屋面，绿色琉璃瓦剪边，琉璃脊饰、吻兽，正脊、垂脊均为捏花脊筒。

（七）乡贤祠

位于戟门西侧，坐北面南，面阔三间，进深六檩五椽，前单步梁对后五架梁式单檐悬山顶。青灰筒板瓦屋面，绿色琉璃瓦剪边，琉璃脊饰、吻兽，正脊、垂脊均为捏花脊筒。

15　过殿正立面

16 戟门立面

17 西碑廊

18　名宦祠正立面

19　乡贤祠正立面

20　东庑正立面

21　西庑正立面

三、价值特色

阳城文庙是晋城市现存最完整、最壮观的古代县学，为全国重点文物保护单位。其建筑风格主要保留了明清时期特点，大成殿个别梁架构件仍传承了宋代建筑手法，其建筑群布局严谨、精湛美观、古朴端庄、结构宏伟，承载着众多人文信息和古建筑学信息，是研究当地社会文化、信仰习俗变迁发展的历史佐证，也是研究庙学体制、古建艺术和儒学文化的宝贵建筑实例。

阳城文庙是太岳军区司令部驻扎旧址，解放战争时期，大成殿是太岳军区司令部，西厢房是军区政治部，其他房间则是军区各大科室，陈赓任纵队司令员，王新亭任军区司令员，王鹤峰任政委。这处宝贵的红色遗址为晋城市的红色文化研究提供了重要参考。

阳城文庙同时具备了古建筑及革命遗址的双重属性，具有较高的文物价值。

四、文献撷英

传世文献

清雍正储大文纂《山西通志·学校二》载：

阳城县儒学，在城东南。明洪武四年（1371），知县李芾重建。宋讷记曰："阳城庙学，枕城东南，学基狭隘。李侯相旧学西有废地，以道喻民，筑基督工，规模大过前代。"嘉靖中（1522—1566），知县邹颐贤增修。万历间（1573—1620），知县张应诏重修，王国光记。清顺治十五年（1658），署县事泽州同知戴天德倡修；十六年（1659），知县陈国珍落其成，白胤谦记。康熙八年（1669），知县都甫增修；二十年（1681），明伦堂圮，邑人田六善修；二十七冬（1688），正殿灾，知县项龙章重建，田六善记：

崇圣祠，在明伦堂东北隅。

文昌祠，即旧青云馆。

名宦祠，在戟门东。

乡贤祠，在戟门西。

清雍正朱樟纂修《泽州府志·学校》载：

阳城县儒学在城东南隅化源坊。明洪武四年，知县李芾重建。旧基狭隘，芾以学西废地，喻民筑基，规模大过前代。嘉靖中，邑令邹颐贤增修。万历间，张应诏重修。国朝顺治十五年，署县泽州同知戴天德、邑令陈国珍加修。康熙八年，都甫增修。二十年，明伦堂圮，邑人田六善修。二十七冬，正殿灾，邑令项龙重建。

先师正殿　五楹。

东西庑　各七楹。

崇圣祠　在明伦堂东北隅。

名宦祠　三楹，戟门东。

……

乡贤祠　三楹，戟门西。

……

中共山西省委党史办公室、中共晋城市委党史研究室编《山西省革命遗址通览》第168、169页载：

太岳军区司令部旧址位于阳城县县城东南角的孔庙。该庙是文庙古建筑群的重要组成部分。

1946年初到1949年8月，太岳军区司令部驻扎在孔庙，为太岳区的全面解放和全国解放战争作出了巨大贡献。老一辈无产阶级革命家徐向前、陈赓以及王新亭、曹普等军事将领解放运城、攻克临汾、鏖战晋中和吕梁、攻打太原等诸多作战方针在这里作出；陈（赓）谢（富治）兵团挺进豫西、转战陇海、进军中原的军事谋略在这里制定；太岳区的诸多军事会议在这里举行。现在这里是阳城县文博馆的办公地，馆内保存着大量革命历史文物，既有朱德、邓小平、彭德怀、薄一波等老一辈革命家的历史照片，也有大量极其珍贵的文献资料；既有抗日战争时期缴获日本侵略者的洋枪洋刀，又有老区群众为抵抗日寇而自制的土枪、土炮、地雷、长矛。

1996年1月，太岳军区司令部旧址被山西省政府公布为省级文物保护单位。同时，被阳城县确立为县级爱国主义教育基地。

碑刻

清雍正朱樟纂修《泽州府志·艺文志》载录，与阳城文庙有关的明代碑记共三篇：宋讷撰《阳城创修庙学记》、王国光撰《阳城县修学记》、王一夔撰《重修阳城县学记》。清代碑记共两篇：白胤谦撰《重修阳城县学记》、田六善撰《重修阳城文庙碑记》。

1. 明宋讷撰《阳城创修庙学记》

宋讷记明洪武四年（1371）阳城知县李侯芾、簿方侯渭重修阳城庙学之事。

"中构堂五楹，高明宏丽，额曰'明伦'。左右为斋十楹，与堂又称；堂东构庖厨之舍三楹；又即庙东隙地开广路转而北之，树棂星门于广街。于是庙之气象、学之规模大过于前代矣。"记述了当时文庙的规模。

"《礼》始立学，释奠先圣先师者，非庙也，后始为庙以祭夫子。通天下礼制浸盛，郡县无大小皆建学，尤以庙为学焉。由学尊庙，因庙表学，庙焉而不敦夫学，非制也。"简述了庙学体制。

2. 明王国光撰《阳城县修学记》

勒石于明隆庆六年（1572）三月。原在阳城县文庙，现不存。王国光记知县张应诏重修文庙之事。

"先正有言曰：立学所以明伦也，藏业所以出政也，谈经所以应务也。是故学贵博，孤陋寡闻非修也，则以至变至赜是记；学贵约，支离汗漫非修也，则以切问近思是记；学贵专，卤莽灭裂非修也，则以操存涵养是记；学贵诚，设伪崇华非修也，则以反朴还淳是记；学贵勤，一曝十寒非修也。则以惟日不足是记；学贵成，自画中止非修也，则以贯天人之蕴，尽性命之微是记；学贵用，独善成己非修也，则以庆际会，兴礼乐，隆经济是记。"阐述了立学的意义。

3. 明王一夔撰《重修阳城县学记》

记叙了明成化乙未（1475）冬兴工至甲辰（1484）春落成，史、陈二公重修庙学之事。

"大成殿五楹，旧为直堂，两庑数亦相若。公于旧殿之后，创起殿五楹六架，四隅转角，每庑各加五楹，通二十楹，高明轩豁，迥迈于昔；竖棂星门于横街，翼壁门于两旁，复建戟门五楹，皆伉然高大，耸人观瞻；殿之后起馔堂五楹，西号房十楹；殿之少右建尊经阁，重檐重拱翼斯翚斯；明伦堂旧止五楹，今增为七楹；堂之后旧与民居相接，素乏退省之所，公偿白金，遂得地广六丈，长三尺，创造退省堂三楹；堂之左又起厨库七楹；堂之前左曰'时习斋'，右曰'日新斋'，各五楹；大门二所，内曰'尊贤'，外曰'育才'，门之左右列生舍十楹；设儒学门于通衢，路转而北，为民居所梗，嫌其委曲，公倍偿其价，遂得拓而广之。"细致记录了当时文庙扩建的布局及规模。

4. 清白胤谦撰《重修阳城县学记》

勒石于清顺治十六年（1659）。原在阳城县文庙，现不存。文叙知县陈国珍、教谕李集凤、训导马佐、县尉赵应贵等重修文庙之事。

5. 清田六善撰《重修阳城文庙碑记》

记述了清康熙戊辰（1688）十二月初二，文庙正殿火灾。康熙二十八年（1689）正月二十九日至当年九月九日，邑令项龙章重修文庙之事。

09

阳城寿圣寺及琉璃塔

晋城国保丛览
JINCHENG GUOBAO CONGLAN

阳城寿圣寺及琉璃塔 / YANGCHENG SHOUSHENG SI JI LIULI TA

一、遗产概况

　　阳城寿圣寺及琉璃塔位于阳城县芹池镇阳陵村，坐北朝南，一进院落，南北长44米，东西宽29米，占地面积1276平方米。据寺内碑文记载，寺始建于五代后唐，原名福庆院，宋代改为泗洲院，毁于真宗年间，真宗天禧年间（1017—1021）僧人法澄等重建，治平四年（1067）英宗赐额为"寿圣禅院"，明清两代多次重修、增修、补修。现存建筑南殿、琉璃塔为明代建筑，其余皆为清代建筑。1958—1963年期间由阳陵国营林场使用。1986年8月18日被山西省人民政府公布为省级文物保护单位，2019年10月7日被国务院公布为第八批全国重点文物保护单位。

　　县级文物部门于2014年对大雄宝殿、东西耳殿、厢房进行了保护修缮，2023年对琉璃塔、一进院及东侧护坡进行保护修缮。2022年山西省文物局给阳城寿圣寺及琉璃塔配备安装了动态环境监控系统设备，文物安全监管体系更加完善。

01　琉璃塔由东南向西北

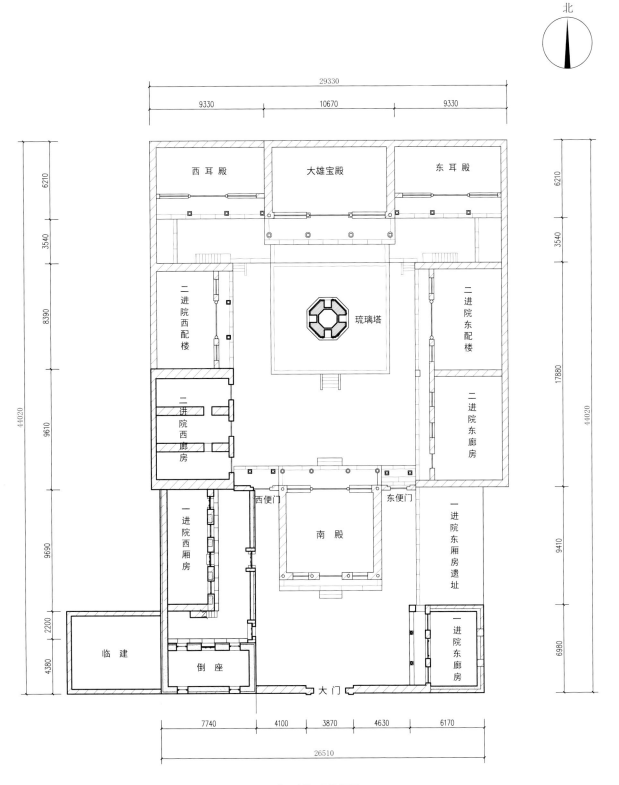

29330

9330   10670   9330

西 耳 殿   大雄宝殿   东 耳 殿

6210

3540

二进院西配楼   琉璃塔   二进院东配楼

8390

二进院西廊房   二进院东廊房

9610

17880

44020

西便门   东便门

一进院西厢房   南 殿   一进院东厢房遗址

9690

9410

临 建   一进院东廊房

2200

倒 座

4380

6980

大 门

7740   4100   3870   4630   6170

26510

02　寿圣寺总平面资料图

二、建筑特点

阳城寿圣寺南殿、琉璃塔、大雄宝殿、东西耳殿、东西配楼、东西廊房共 17 个单体建筑构成。代表性建筑有：

（一）山门

"文革"时期建大门。山门四柱三间门楼，砖柱，柱头设砂石造型，两侧设围墙，墙帽为蓑衣顶。

（二）一进院东廊房

居一进院东侧。单檐硬山顶，面阔三间，进深五椽，室内外地面墁地砖全部丢失，夯土裸露。梁架为六檩前出廊式，五架梁上置金瓜柱承托三架梁，前后端头置金檩，中央立脊瓜柱承脊檩，两侧设叉手支撑脊瓜柱及脊檩，南北缝梁架金、脊瓜柱间均设金、脊枋起纵向连构作用，形成稳定的梁架结构；前檐柱头置平板枋，柱头及前檐墙之间设抱头梁，上承前檐檩及随檩枋，两柱与山墙之间以丁头栱及骑门梁纵向连构。仰合瓦屋面，前后两坡屋面两侧均设披水砖，正脊为皮条脊，方砖砌筑，上置扣脊瓦，无吻兽。明间脊枋下题记："维中华民国十五年岁次丙寅七月初八日丙子良期戊子吉时开工重修东南□□三间本寺僧主丙戌日惠基……大小同心协力千年吉庆万载荣昌以县志耳。"檐廊北侧墙上镶嵌绿琉璃《重修武安王庙记》碣一方。

（三）一进院西厢房

居一进院西侧。单檐硬山顶，面阔四间，上下两层，进深四椽，前檐设砂石质压檐石，一层室内条砖一顺一横错缝铺墁，二层室内小方砖十字缝铺墁。五架梁上置金瓜柱承托三架梁，前后端头置金檩，中央立脊瓜柱承替木及脊檩，两侧设叉手支撑脊瓜柱及脊檩，南北缝梁架金、脊瓜柱间均设金、脊枋起纵向连构作用；一层梁架为横向置承重梁承托楞木、支条及楼板。干搓瓦屋面，前后两坡屋面南北两

03　山门立面

侧均设两垄仰和瓦，外设披水砖收边；正脊为皮条脊，由方砖横砌及条砖立置，上置扣脊瓦构成，两侧置灰陶吻兽。房南明间脊枋下题记："维中华民国岁次丙子八月十七日……吉时开工正合吉星重修外院西房上下□间本寺主僧惠基率徒惠东惠业徒孙惠……法族孙惠纬 同心协力万年如法永县志耳。"

（四）南殿

居一进院中轴线山门对面。面阔三间，进深四椽，单檐悬山顶。石砌台基，正中设两步踏步，前后明间开门，前门为板门，后门为隔扇门，两次间置直棂窗。顶覆灰筒瓦，琉璃剪边，室内方砖铺墁。

04　南殿正立面

05　南殿背立面

06　东便门正立面

07　东便门背立面

08　西便门斗栱

09　东便门斗栱

（五）琉璃塔

琉璃塔为八角十层楼阁式琉璃砖塔，通高 19.775 米，塔身平直，收刹甚微，塔身外壁及屋檐皆用琉璃砖砌成，塔身以琉璃雕造倚柱、额枋、斗栱、屋檐、平座等组成，各层壁面和龛内嵌有各种琉璃造像，塔身琉璃施黄、绿、蓝、黑、紫五彩色釉，釉色细腻，光泽晶莹，为明代琉璃精品，尤以孔雀蓝效果最佳。墙体由条砖砌筑，各层设券洞作为佛龛，塔内结构由砖砌拱券组合而成。塔内中空可登，各层层高设砖砌台阶，盘旋而上可直达塔顶。二、三层为三转台阶，逐层向上依内层空间调整为两转台阶，至顶层为一转台阶。每面辟有券洞通风透光，造型古雅秀丽。塔基为八角砂石岩须弥座，上有浮雕龙、麒麟和花锦图案，八角棱上雕威武金刚，形象逼真，刀工娴熟。各层壁面和龛内镶嵌造像，包括佛像、十八罗汉、十殿阎君、十大明王及五台山等佛教名山，并刻有文字铭记，还注明了捐赠者姓名，共计浮雕 177 块，雕像 480 余尊，是山西省琉璃构件最多、造型和工艺最为精致的佛塔之一，同时也展现了当地的琉璃烧制技术。1990 年阳陵村村委对琉璃塔一、二层和平台进行维修，加护铁栏杆，对琉璃塔进行了保护，并加设报警器，派专人看护。

台基：月台高 1.3 米，砂石砌筑，南侧设五步石制踏垛登台，地面以方砖十字缝铺墁。塔基八边砂石须弥座，上下枭雕仰俯莲花；圭角八角棱上雕饰狮子头，圭角间上施卷云图案，下仅北侧残留两头奔跑的狮子，其他方向全部缺失；束腰八角棱上雕威武金刚，束腰间雕飞禽走兽，南侧图案缺失，东

10　琉璃塔东南面

南侧雕饰两只麒麟奔跑，东侧雕饰二龙驾云，东北侧雕饰牡丹花及人物造像，北侧雕饰荷花、莲叶，西北侧雕饰两只麒麟奔跑，西侧雕饰一只孔雀与花草，西南雕饰二龙驾云图案，形象逼真，刀工娴熟。支搭临时铁梯可登塔。

　　一层：塔身为八角棱上施琉璃倚柱，上施琉璃平板枋，倚柱间置额枋、丁头栱，平板枋上置琉璃斗栱承托琉璃枋，上置琉璃椽飞，绿色琉璃瓦顶，上置琉璃正脊，雕饰二龙戏珠、花草、祥云等图案，上置两层孔雀蓝卷云形琉璃滴珠，墙身东、南、西、北四面均开设券洞，券腿壁面置琉璃造像，东南和东北方向墙身上方各置四个方洞，西南和西北方向墙身上方各置四个方洞，龛内嵌有琉璃造像，外框刻字，琉璃主色调以绿色为主，黄、蓝点缀。塔身一层正东方向门洞北侧，嵌琉璃题记一方，上刻"大明万历三十七年（1609）五月二十二日阳城琉璃匠人乔永丰、乔常正、乔常运"。

　　二层：结构形制同一层，正脊上雕饰龙、麒麟、花草、祥云等图案，上置两层绿色卷云形琉璃滴珠，八面均开设券洞，壁面和龛内嵌有琉璃造像，每面琉璃刻二十诸天雕像，有持国天王、广目天王、坚牢地神、功德尊天、菩提树天、大辩才天、梵王尊天、帝释尊天、增长天王、多闻天王等，主色调以黑色为主，黄、绿、蓝点缀，东北侧开设券洞进入塔内。塔二层正南面右侧天尊王梵造像内壁有题记"三教祖师圣像一堂祈保人口平安如意本村李世太万历三十七年五月十三日造"。

　　三层：结构形制同一层，外檐椽下增设琉璃垂柱，垂柱间施琉璃雀替装饰，正脊上雕饰各种花草

11　琉璃塔一层西面　　　　　　　　　　　　12　须弥底座

图案，上置一层绿色卷云形琉璃滴珠，再上置两层黄色莲花瓣围栏，南侧开设券窗，其余均为壁龛，壁面和龛内嵌有琉璃造像，琉璃色调为黄绿组合。内壁嵌有一块琉璃小碑，为万历丙辰岁（1616）塔已建成后阳城县生员李少白所作《赠东岗乔契友》七言律诗一首，褒奖乔永丰父子的功绩，全诗如下：

　　琉璃宝塔创阳陵，天赐乔公来赞成，
　　白手涂形由性慧，红炉点色似天生，
　　神谋不爽魁三晋，巧制无双冠析城，
　　巨业落成垂千古，君名高与碧云邻。

四层：结构形制同一层，正脊上雕饰各种花草图案，上置一层黄色琉璃光板，再上置一层绿色卷云形琉璃滴珠，壁面和龛内嵌有琉璃造像，仅西北侧开设券窗，琉璃主色调以绿色为主，局部黄色点缀。

五层：结构形制同一层，正脊上雕饰各种花草图案，上置一层绿色卷云形琉璃滴珠，壁面和龛内嵌有琉璃造像，琉璃主色调以黑色为主，黄、绿、蓝点缀。南侧门洞左侧有"刘村里……施银二十五两募缘僧慧海大明万历丙辰岁（万历

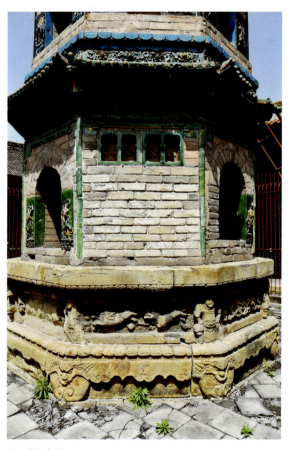

13　须弥底座

14　琉璃塔一层北面

四十四年，1616）仲夏吉日立"题记。

　　六层：结构形制同一层，外檐椽下增设琉璃垂柱，垂柱间再施琉璃垂柱和骑门梁连接，正脊上雕饰各种花草图案，上置一层绿色卷云形琉璃滴珠，壁面和龛内嵌有琉璃造像，琉璃主色调以绿色为主，局部黄色点缀。

　　七层：结构形制同一层，正脊上雕饰各种花草图案，上置一层蓝色卷云形琉璃滴珠，壁面和龛内嵌有琉璃造像，琉璃主色调以绿色为主，红、黄、蓝点缀。

　　八层：结构形制同一层，外檐椽下增设琉璃垂柱，垂柱间施走马板连接，正脊上雕饰各种花草图案，上置一层绿色卷云形琉璃滴珠，壁面和龛内嵌有琉璃造像，琉璃主色调以黑蓝为主，黄、绿点缀。

　　九层：结构形制同一层，正脊上雕饰各种花草图案，壁面和龛内嵌有琉璃造像，琉璃主色调以绿色为主，黄色点缀。

　　十层：结构形制同一层，正脊上雕饰各种花草图案，壁面和龛内嵌有琉璃造像，琉璃主色调以绿色为主，黄色点缀。

　　宝顶：黄琉璃八角攒尖顶，绿色琉璃倚柱间设八块黄色琉璃光板雕刻佛骑坐骑，下部八个戗脊设龙形，塔刹已毁。

15　琉璃塔屋顶俯视

（六）大雄宝殿

　　大雄宝殿建于清康熙三十六年（1697），砂石台基，面阔三间，进深四椽，五檩前廊式构架，单檐悬山顶，顶覆灰筒瓦，琉璃剪边。柱头为三踩斗栱，明间施隔扇门，两次间置直棂窗。

16　正殿立面

17　东耳殿立面

18　西耳殿立面

19　二进院东廊房立面

20　二进院西廊房立面

三、价值特色

阳城寿圣寺及琉璃塔是珍贵的明代琉璃建筑遗存，一、二层明确记载了其创建时间及匠人："大明万历三十七年（1609）五月二十二日阳城琉璃匠人乔永丰、乔常正、乔常运。"寿圣寺保存有完整精美的木雕、石刻，更有明万历年间建造的琉璃塔，塔身遍布捐赠者姓名，是重要的琉璃艺术珍品。整个塔身全被琉璃造像包裹，施以黄、绿、蓝、紫、黑彩色釉完成，反映了古人的聪明才智和不凡的创造力，为研究阳城琉璃烧造和釉色提供了实物资料，是古建和琉璃烧造技术的活化石。

明隆庆元年（1567），乔世富和其侄乔永丰烧造东岳庙琉璃构件，是阳城琉璃佳作的代表。万历三十七年（1609），乔永丰和其子乔常正，乔常运父子三人建造寿圣寺琉璃塔，时间磨炼之后技艺更显进步，该塔成为三晋大地琉璃构建最多最精致的一座佛塔。

寿圣寺琉璃塔在阳城仅存一处，有题记的乔氏琉璃构件存之甚少，在文物保护和琉璃技艺方面均有重要价值。

四、文献撷英

传世文献

《宋史·仁宗本纪》记载："辛未，帝崩于福宁殿，遗制皇子继位，皇后为皇太后，丧服以日易月，山陵制度务从俭约。谥号神文圣武明孝皇帝，庙号仁宗。"宋仁宗的儿子宋英宗赵曙，就在当年的八月癸巳以仁宗生日为寿圣节（《宋史·礼十五》"英宗以正月三日为寿圣节"）。宋英宗为寄托自己的思念之情，治平四年，赐额"寿圣禅院"，寿圣寺是晋东南地区拥有重要影响的佛教寺院，佛教与世俗文化相互依存，绵延千年。天禧年间（1017—1021），僧人法澄等重建寿圣寺。万历年间（1573—1620），僧人慧海募缘建琉璃塔，塔身遍布捐赠者姓名。崇祯十七年孟冬（1644），信男李从海在荒乱之年为寿圣寺施舍土地粮食，具有重大的历史价值和保护意义。

宋元祐七年（1092）《阳陵寿圣禅院记》碑

位于西耳殿外侧。碑身高115厘米，宽66厘米，厚17.5厘米。碑记寿圣寺从后唐肇兴至北宋复兴百年间的兴衰。碑文楷体竖书，全文约900字，计26列，每列46字。西洛僧善仁撰并书，河南薛孝篆额，高平李严刻。碑头另有文字，因损坏残缺。碑文节录如下：

……且斯院者，自后唐肇兴为福庆院，在寺西南隅不盈百步有石，浮图处基址仍存，乃先师长老和尚再兴殿庑台阁，悉皆严峻……大师住数十年，不渝往意，至天福庚子岁十二月十二日微疾西终。嘱近侍弟子，以全身瘗寺东北隅。寻起石塔。自后福庆主之不肖，殿宇隳坏，百年间无僧兴葺，名额已灭。……至天禧年，澄江二上人再兴福地，重建真筵，缁素奔赴者如蜂分蚁聚……大宋元祐壬申岁上元日建。

明崇祯十七年（1644）《阳陵寿圣寺邑人李从海施地谷等碑记》碑

位于东耳殿外侧。圆头青石质，碑身首一体，通高143厘米，长52厘米。碑头饰龙凤花卉。碑记邑之信男李从海在荒乱之年为寿圣寺施舍土地粮食等事。共 416 字，楷体竖书，计 14 列，每列 39 字。敕封文林郎身授承德郎通判监华于琇谨撰，庠生李广仁书。保存完好。碑文节录如下：

……邑之善男李从海，年耳顺有二矣，厥嗣未立，慨然施地口拾亩、谷五石、牛壹只、漆棹三张，令住持有口为寺众之远之资……

明万历丙辰岁（1616）明代琉璃碣

镶嵌于琉璃塔三层内室。该碣为塔已建成后阳城县生员李少白所作《赠东岗乔契友》七言律诗一首，用来褒奖乔永丰父子的功绩。

明万历四十年（1612）《重修武安王庙记》碣

镶嵌于东廊房前檐山墙内。为长方形绿琉璃施银碣一方。宋大观二年（1108）加封关羽为"武安王"，明万历四十二年（1614）加封关羽为"三界伏魔大帝威远震天尊关圣君"，自此后，"武安王庙"改名"关帝庙"。

宋代经幢

位于文庙院内。经幢为六角青石质，主要记录的是佛教经文，文字较为清晰。幢座为二层，底层为覆莲状，素腰为兽面和祥云。幢身为六面体，上雕经文，上为石柱，石柱上为盘盖，盘盖上又立石柱，石柱上幢顶托有宝珠。现藏于阳城县文物博物馆。

参考文献

【专著】

[1] 卫伟林：《三晋石刻大全·晋城市阳城卷》，三晋出版社，2012 年。

[2] 成安太：《阳城汤庙》，文物出版社，2012 年。

[3] 山西省党史办公室编著：《山西省革命遗址通览》，中共党史出版社、山西省人民出版社，2015 年。

[4] 《泽州府志》，山西古籍出版社，2001 年。

[5] 王家胜：《烟树楼台出雉堞：清末明初濩泽古城述略》，山西人民出版社，2016 年。

[6] 张广善：《晋城古代建筑》，文物出版社，2011 年。

[7] 李新平、张学社：《乡间皇城》，山西古籍出版社，2015 年。

[8] 谢红俭：《晋城古堡》，山西人民出版社，2016 年。

[9] 晋城市地方志丛书编委会：《晋城金石志》，海潮出版社，1995 年。

[10] 《山西通志》，中华书局，2006 年。

[11] 《山西省阳城县志》，（台北）成文出版社，2018 年。

[12] 王小圣：《海会寺碑碣诗文选》，山西人民出版社，2002 年 12 月。

[13] 《阳城县志》，海潮出版社，1994 年。

【论文】

[1] 邢卫波：《郭峪村古建筑调查与保护利用的初探》，山西大学硕士学位论文，2017 年。

[2] 王春波：《阳城海会寺》，《山西古建·阳城专辑》（内刊），2021 年 6 月。

[3] 吴晓阳：《阳城下交汤帝庙建筑特征与价值考述》，《晋城职业技术学院学报》2022 年第 1 期。